DEDICADO A

POR

FECHA

LA BIBLIA EN ACCIÓN

NUEVO TESTAMENTO

LA BIBLIA EN ACCIÓN

NUEVO TESTAMENTO

ILUSTRADO POR **SERGIO CARIELLO**

EDITOR GENERAL: **DOUG MAUSS**

TYNDALE

David©Cook

TYNDALE y el logotipo de la pluma son marcas registradas de Tyndale House Publishers, Inc.
TYNDALE and Tyndale's quill logo are registered trademarks of Tyndale House Publishers, Inc.

La Biblia en acción Nuevo Testamento

Texto © 2014 por David C. Cook. Todos los derechos reservados.

Ilustraciones © 2010 por Sergio Cariello. Todos los derechos reservados.

Originalmente publicado en inglés en 2010 como *The Action Bible New Testament* por
David C. Cook, con ISBN 978-0-7814-0608-6.

Editor general: Doug Mauss

Director artístico: Kevin Mullins

Editor bíblico: Shawn Yost, M. Div.

Diseño de la portada: Amy Konyndyk

Tipógrafos: Dave Lanphear, Dave Rothe

Coloristas: Patrick Gama, y Wellington Marçal, Priscila Ribeiro, Fabrício Sampaio Guerra,
MaxFlan Araujo, Alex Guim de Impacto Studio

Traducción al español: Adriana Powell y Omar Cabral

Para información sobre la fabricación de este producto, favor de llamar al 1-800-323-9400.

ISBN 978-1-4143-8923-3

Impreso en China
Printed in China

20 19 18 17 16 15 14
7   6   5   4   3   2   1

PREPÁRATE PARA LA ACCIÓN...

En general la gente no piensa en Dios de esta manera, pero Dios es el primer héroe de acción de la historia. Todos se impresionan cuando Superman vuelca un vehículo con su soplido, pero Dios creó todo el universo con su aliento. Superman puede salvar la situación con su poder, pero Jesús salvó al mundo entero con su muerte.

El Nuevo Testamento está repleto de historias de las proezas de Jesús: calmar las tormentas, resucitar a los muertos, alimentar a miles de personas con un poco de pan y pescado. Aún más increíble: resucitó de la muerte a la vida y, en el proceso, consiguió la vida eterna para todos los que creen en él.

También están aquellos seres humanos que Dios eligió para cumplir su plan divino. Lee cómo Pedro escapó milagrosamente de la prisión. Descubre la valentía de Esteban al enfrentar la muerte... y conoce a Pablo, el villano que se convirtió en héroe.

La Biblia en acción Nuevo Testamento es más que un conjunto de historias apasionantes del pasado. Hoy, aquí y ahora, nos desafía a que seamos la próxima generación de Dios que cause un impacto. Los héroes que aparecen en la Biblia eran imperfectos y fueron elegidos; tú y yo somos imperfectos y fuimos elegidos. La acción sobre la que leerás en las próximas 240 páginas no tiene comparación con la que comenzará cuando termines el libro.

¿Cómo responderás al llamado de Dios a la acción?

Doug Mauss
Editor general

Les digo la verdad, todo el que crea en mí hará las mismas
obras que yo he hecho y aún mayores...
—Jesucristo (Juan 14:12)

CONTENIDO

EL NACIMIENTO Y MINISTERIO DE JESÚS

LOS ÚLTIMOS DÍAS DE JESÚS

EL NACIMIENTO DE LA IGLESIA

PABLO

NUEVO TESTAMENTO

La vida de Jesús

BASADO EN MATEO; MARCOS; LUCAS; JUAN

AUNQUE MUCHAS PERSONAS FUERON TESTIGO DE LA VIDA Y LOS MILAGROS DE JESÚS, SOLO CUATRO DE ELLAS ESCRIBIERON RELATOS AUTÉNTICOS SOBRE SU TIEMPO EN LA TIERRA. LOS ESCRITOS DE AQUELLOS HOMBRES COMPONEN LOS CUATRO PRIMEROS LIBROS DEL NUEVO TESTAMENTO, Y SE LLAMAN EVANGELIOS PORQUE COMPARTEN LA "BUENA NOTICIA" DE JESUCRISTO. LOS LIBROS SON LEVEMENTE DIFERENTES, PERO JUNTOS RELATAN UNA HISTORIA INTEGRAL DE LA VIDA DE JESÚS EN LA TIERRA.

Opresión romana
BASADO EN MATEO 5:41

¡AQUÍ, VIEJO! CARGA ESTO.

EL PODEROSO IMPERIO ROMANO GOBIERNA EN PALESTINA, EL HOGAR DE LOS JUDÍOS, EL PUEBLO DE DIOS. LOS ROMANOS HAN DESIGNADO A HERODES PARA GOBERNAR EN SU NOMBRE. HERODES ES ASTUTO, PERO TAMBIÉN ES CRUEL. LOS JUDÍOS LO ODIAN A ÉL Y A LOS OFICIALES ROMANOS QUE TRABAJAN PARA ÉL.

ESE BAÚL ES DEMASIADO PESADO PARA QUE LO CARGUE ESE ANCIANO. ¡PODRÍA FALLARLE EL CORAZÓN!

A LOS ROMANOS NO LES IMPORTA.

HORAS MÁS TARDE EL ANCIANO LLEGA A SU CASA.

¡ABUELO! ¿QUÉ TE PASA?

UN SOLDADO ROMANO LO OBLIGÓ A CARGAR UN PESADO BAÚL HASTA EL PALACIO DE HERODES.

Promesas de un ángel

BASADO EN LUCAS 1:5-56

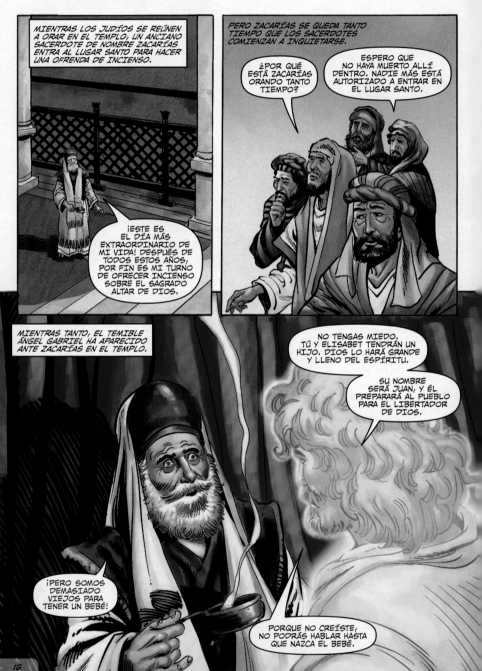

MIENTRAS LOS JUDÍOS SE REÚNEN A ORAR EN EL TEMPLO, UN ANCIANO SACERDOTE DE NOMBRE ZACARÍAS ENTRA AL LUGAR SANTO PARA HACER UNA OFRENDA DE INCIENSO.

¡ESTE ES EL DÍA MÁS EXTRAORDINARIO DE MI VIDA! DESPUÉS DE TODOS ESTOS AÑOS, POR FIN ES MI TURNO DE OFRECER INCIENSO SOBRE EL SAGRADO ALTAR DE DIOS.

PERO ZACARÍAS SE QUEDA TANTO TIEMPO QUE LOS SACERDOTES COMIENZAN A INQUIETARSE.

¿POR QUÉ ESTÁ ZACARÍAS ORANDO TANTO TIEMPO?

ESPERO QUE NO HAYA MUERTO ALLÍ DENTRO. NADIE MÁS ESTÁ AUTORIZADO A ENTRAR EN EL LUGAR SANTO.

MIENTRAS TANTO, EL TEMIBLE ÁNGEL GABRIEL HA APARECIDO ANTE ZACARÍAS EN EL TEMPLO.

NO TENGAS MIEDO. TÚ Y ELISABET TENDRÁN UN HIJO. DIOS LO HARÁ GRANDE Y LLENO DEL ESPÍRITU.

SU NOMBRE SERÁ JUAN, Y ÉL PREPARARÁ AL PUEBLO PARA EL LIBERTADOR DE DIOS.

¡PERO SOMOS DEMASIADO VIEJOS PARA TENER UN BEBÉ!

PORQUE NO CREÍSTE, NO PODRÁS HABLAR HASTA QUE NAZCA EL BEBÉ.

POR FIN ZACARÍAS SALE Y SE ENFRENTA A LA GENTE. ¡PERO NO PUEDE HABLAR! LAS PALABRAS NO SALEN DE SU BOCA.

¿QUÉ OCURRIÓ EN EL LUGAR SANTO?

¡ZACARÍAS! ¿QUÉ TE PASA? ¿POR QUÉ NO ME HABLAS?

ZACARÍAS NO PUEDE DECIRLE A ELISABET LO QUE HA OCURRIDO, DE MODO QUE LE ESCRIBE TODO LO QUE EL ÁNGEL LE DIJO.

MARÍA ATESORA ESTE SECRETO EN SU CORAZÓN, PERO NO SE ATREVE A CONTARLE A NADIE SOBRE LA PROMESA DEL ÁNGEL. JOSÉ ES UN HOMBRE BUENO, PERO SI LA GENTE SE ENTERA DE QUE ELLA ESTÁ EMBARAZADA, PODRÍAN MATARLA.

SÉ QUE JOSÉ ME AMA. PERO ¿ME CREERÁ?

EL ÁNGEL LE HA DICHO A MARÍA QUE TAMBIÉN ELISABET VA A TENER UN HIJO. ENTONCES MARÍA VA A VISITAR A LA ÚNICA PERSONA QUE ESPERA PODRÁ ENTENDERLA. EN EL MOMENTO QUE ELISABET VE A MARÍA...

¡MARÍA! ¡BENDITA ERES ENTRE LAS MUJERES! ¡TÚ ERES LA MADRE DE NUESTRO SEÑOR!

MARÍA SE DA CUENTA DE QUE ELISABET CONOCE Y CREE EN SU MARAVILLOSO SECRETO. CON ALEGRÍA CANTA ALABANZAS A DIOS.

¡MI ALMA ALABA AL SEÑOR! ¡Y MI ESPÍRITU SE REGOCIJA EN DIOS MI SALVADOR! DIOS ES PODEROSO, Y HA HECHO GRANDES COSAS POR MÍ. ¡SANTO ES SU NOMBRE!

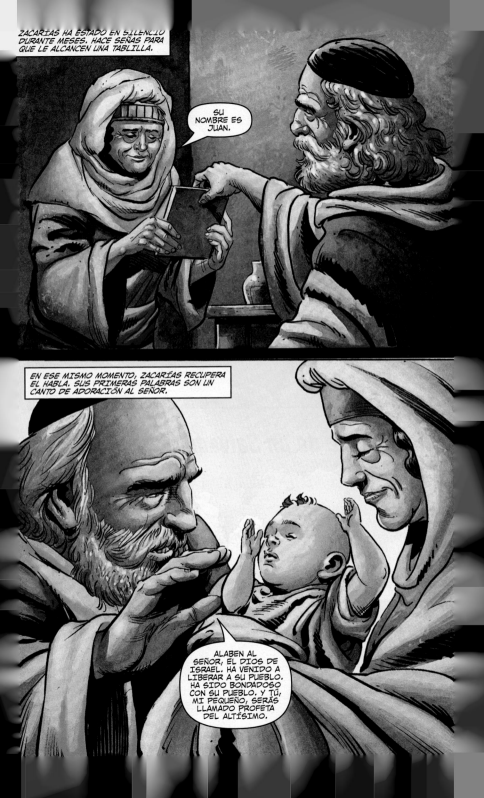

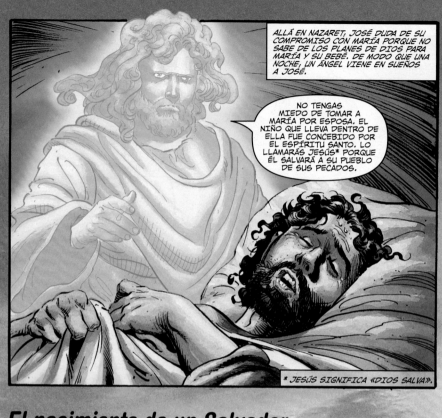

ALLÁ EN NAZARET, JOSÉ DUDA DE SU COMPROMISO CON MARÍA PORQUE NO SABE DE LOS PLANES DE DIOS PARA MARÍA Y SU BEBÉ. DE MODO QUE UNA NOCHE, UN ÁNGEL VIENE EN SUEÑOS A JOSÉ.

NO TENGAS MIEDO DE TOMAR A MARÍA POR ESPOSA. EL NIÑO QUE LLEVA DENTRO DE ELLA FUE CONCEBIDO POR EL ESPÍRITU SANTO. LO LLAMARÁS JESÚS* PORQUE ÉL SALVARÁ A SU PUEBLO DE SUS PECADOS.

* JESÚS SIGNIFICA «DIOS SALVA».

El nacimiento de un Salvador

BASADO EN MATEO 1:18–2:11; LUCAS 2:1-20

JOSÉ LE CREE AL ÁNGEL Y SE CASA CON MARÍA, A PESAR DE QUE A OTROS SU EMBARAZO LES PARECE VERGONZOSO. UN DÍA LLEGA LA NOTICIA DE QUE CÉSAR AUGUSTO, EL EMPERADOR ROMANO, QUIERE HACER UN CENSO. TODOS DEBEN IR A SU LUGAR DE ORIGEN PARA SER REGISTRADOS. AUNQUE SE ACERCA LA FECHA DE PARTO DE MARÍA, ELLA Y JOSÉ TIENEN QUE IR DE NAZARET A BELÉN.

HEMOS VIAJADO MUCHO. MI ESPOSA ESTÁ MUY CANSADA. NECESITAMOS UN LUGAR DONDE HOSPEDARNOS.

LO SIENTO, PERO BELÉN ESTÁ LLENA DE GENTE DEBIDO AL CENSO. YA NO TENEMOS NINGUNA HABITACIÓN LIBRE.

EXHAUSTOS, JOSÉ Y MARÍA NO TIENEN OTRA OPCIÓN QUE QUEDARSE EN UN ESTABLO. ALLÍ, RODEADA POR ANIMALES, MARÍA DA A LUZ A JESÚS. PONE A SU BEBÉ ABRIGADO EN UN PESEBRE LLENO DE PAJA.

¡DIOS NOS SALVE!

¿QUÉ OCURRE?

ESA MISMA NOCHE, ALGUNOS PASTORES ESTÁN CUIDANDO SUS OVEJAS EN LAS COLINAS EN LAS AFUERAS DE BELÉN. DE PRONTO, UNA LUZ EXTRAORDINARIA IRRUMPE EN LA NOCHE.

NO TENGAN MIEDO. TRAIGO BUENAS NOTICIAS PARA USTEDES Y PARA EL MUNDO ENTERO.

HOY, EN LA CIUDAD DE DAVID, LES HA NACIDO EL SALVADOR. ENCONTRARÁN AL BEBÉ ACOSTADO EN UN PESEBRE.

LA ATESTADA ALDEA DE BELÉN DUERME. MARÍA HA ENVUELTO AMOROSAMENTE A SU BEBÉ EN TIRAS DE TELA, Y LO HA PUESTO EN UN PESEBRE. ALLÍ ES DONDE LO ENCUENTRAN LOS PASTORES.

UN ÁNGEL NOS DIJO QUE HA NACIDO EL SALVADOR.

¡TENEMOS QUE CONTARLES ESTA GRAN NOTICIA A TODOS!

EN UNA TIERRA LEJANA DE ORIENTE, HOMBRES SABIOS VEN ALGO EXTRAÑO EN EL CIELO.

ESA NUEVA ESTRELLA ES MÁS BRILLANTE QUE TODAS LAS DEMÁS. DEBE TENER UN SIGNIFICADO ESPECIAL.

ES UNA SEÑAL DE QUE HA NACIDO EL REY DE LOS JUDÍOS.

VAYAMOS A JERUSALÉN Y BUSQUEMOS A ESTE REY.

DESPUÉS DE VIAJAR DURANTE MESES, LOS SABIOS LLEGAN A JERUSALÉN.
HEMOS VENIDO A ADORAR AL REY DE LOS JUDÍOS QUE HA NACIDO. ¿DÓNDE PODEMOS ENCONTRARLO?
DEBEN ESTAR EQUIVOCADOS. NO HA NACIDO NINGÚN REY ÚLTIMAMENTE.
CUANDO LOS SABIOS AVERIGUAN EN EL PALACIO, EL REY HERODES, QUIEN HA COMETIDO MÁS DE UN ASESINATO PARA PROTEGER SU TRONO, INMEDIATAMENTE CONCIBE UN PLAN.
BUSQUEN AL NIÑO EN BELÉN. CUANDO LO ENCUENTREN, VENGAN A AVISARME DÓNDE ESTÁ. POR SUPUESTO, YO TAMBIÉN QUIERO ADORARLO.
Y CUANDO ENCUENTRE A ESE NIÑO LO MATARÉ. ¡NO HABRÁ OTRO REY DE LOS JUDÍOS APARTE DE MÍ!

SIGUIENDO LAS INSTRUCCIONES DE HERODES, LOS SABIOS VAN DE JERUSALÉN A BELÉN. LA ESTRELLA QUE HABÍAN VISTO EN ORIENTE SIGUE GUIÁNDOLOS.

NUESTRO LARGO VIAJE HA TERMINADO. AQUÍ ES DONDE VIVE EL NIÑO.

¡MIREN! LA ESTRELLA ESTÁ SOBRE AQUELLA CASA.

MARÍA Y JOSÉ SE SORPRENDEN AL RECIBIR A ESTOS EXTRANJEROS RICOS EN SU HUMILDE CASA.

HEMOS VENIDO A ADORAR AL NIÑO.

ACEPTEN NUESTROS REGALOS DE ORO, INCIENSO Y MIRRA.

Huida en la noche

BASADO EN MATEO 2:12-18

ESA NOCHE, LOS SABIOS TIENEN UNA EXTRAÑA EXPERIENCIA. DIOS LES ADVIERTE QUE NO CONFÍEN EN HERODES, Y QUE NO LE DIGAN DÓNDE ESTÁ EL NIÑO.

TUVE UN SUEÑO...

¡YO TAMBIÉN! DIOS NOS ADVIRTIÓ QUE NO VOLVIÉRAMOS A JERUSALÉN.

YO TUVE EL MISMO SUEÑO. DEBEMOS REGRESAR POR OTRO CAMINO.

ESA MISMA NOCHE, LOS SOLDADOS DE HERODES BAJAN A BELÉN Y CON BRUTALIDAD LLEVAN A CABO SU PERVERSA TAREA.

Y ASÍ SE CUMPLE LA PROFECÍA DE JEREMÍAS: «EN RAMÁ SE OYÓ UNA VOZ, LLANTO Y GRAN LAMENTO. RAQUEL LLORA POR SUS HIJOS, SE NIEGA A QUE LA CONSUELEN, PORQUE ESTÁN MUERTOS».

PERO JOSÉ Y MARÍA YA ESTÁN A SALVO CAMINO A EGIPTO, DONDE PASARÁN VARIOS AÑOS CRIANDO A SU BEBÉ, EL SALVADOR DEL MUNDO.

Un muchacho en el templo

BASADO EN MATEO 2:19-23; LUCAS 2:39-52

CUANDO MUERE EL REY HERODES, UN ÁNGEL VISITA NUEVAMENTE A JOSÉ EN UN SUEÑO.

¡LEVÁNTATE! LLEVA AL NIÑO Y A SU MADRE DE REGRESO A ISRAEL. LOS QUE QUERÍAN MATARLO YA HAN MUERTO.

JOSÉ LLEVA A SU FAMILIA DE REGRESO A NAZARET, DONDE INSTALA SU TALLER DE CARPINTERÍA. JESÚS CRECE FUERTE Y SABIO, Y LLENO DE LA GRACIA DE DIOS. CADA PRIMAVERA, MARÍA Y JOSÉ VIAJAN A JERUSALÉN PARA ASISTIR A LA FIESTA DE PASCUA. AGRADECEN A DIOS POR LIBERAR A SU PUEBLO DE LA ESCLAVITUD EN EGIPTO, CIENTOS DE AÑOS ANTES.

CUANDO JESÚS YA TIENE 12 AÑOS, LA FAMILIA VA COMO DE COSTUMBRE AL FESTIVAL.

EN JERUSALÉN, JESÚS PASA SU TIEMPO EN EL TEMPLO CON LOS SABIOS Y LOS MAESTROS.

CUANDO LA FIESTA HA TERMINADO, MARÍA Y JOSÉ SE PONEN EN MARCHA HACIA SU CASA. ESA NOCHE, CUANDO INSTALAN EL CAMPAMENTO...

JOSÉ, ¿DÓNDE ESTÁ JESÚS?

DEBE ESTAR CON SUS AMIGOS. LO BUSCARÉ.

PERO NADIE HA VISTO A JESÚS. PREOCUPADOS, MARÍA Y JOSÉ REGRESAN A JERUSALÉN. ALLÍ BUSCAN A JESÚS POR TODOS LOS RINCONES DE LA CIUDAD.

FINALMENTE, LO ENCUENTRAN EN EL TEMPLO. JESÚS ESTÁ SENTADO CON LOS MAESTROS.

¡JESÚS! HEMOS ESTADO BUSCÁNDOTE POR TODOS LADOS. ESTÁBAMOS MUY PREOCUPADOS.

¿POR QUÉ ME BUSCABAN? SABEN QUE NECESITO ESTAR EN LA CASA DE MI PADRE.

33

LA NOTICIA SOBRE ESTE HOMBRE QUE SE PRESENTA Y HABLA COMO UN PROFETA SE EXPANDE EN TODAS DIRECCIONES. LAS MULTITUDES CURIOSAS SE ACERCAN PARA ESCUCHAR A JUAN EL BAUTISTA, PERO ALGUNOS DAN POR SENTADO QUE ESTÁ HABLANDO SOBRE LOS PECADOS DE **OTRAS** PERSONAS.

¿CREEN QUE SOLO PORQUE SON JUDÍOS SERÁN RECIBIDOS EN EL REINO DE DIOS? ANTES DEBEN ARREPENTIRSE.

SI TIENES ROPA DE SOBRA, COMPÁRTELA CON ALGUIEN QUE NO TENGA. SI TE SOBRA COMIDA, REGÁLALA.

LOS BURLONES SE MARCHAN, PERO MUCHA GENTE ESCUCHA ATENTAMENTE. SE PREGUNTAN SI JUAN SERÁ MÁS QUE UN SIMPLE PROFETA.

¿ERES TÚ EL SALVADOR QUE DIOS NOS PROMETIÓ?

NO. YO BAUTIZO CON AGUA, PERO ÉL LOS BAUTIZARÁ CON EL ESPÍRITU SANTO.

PREPÁRENSE. ¡VIENE EL SALVADOR!

FINALMENTE, EL DIABLO SE RINDE Y DEJA A JESÚS.
AHORA QUE HA RESISTIDO A LAS TENTACIONES DEL
DIABLO, LOS ÁNGELES VIENEN A ALIMENTAR Y A
SERVIR A JESÚS. RENOVADO, DEJA EL DESIERTO
Y VA A BETANIA, AL OTRO LADO DEL JORDÁN.

CUANDO JESÚS LLEGA A BETANIA, JUAN EL BAUTISTA
LO VE. LES DICE A SUS SEGUIDORES ANDRÉS Y JUAN:

AHÍ ESTÁ EL
SALVADOR DEL QUE LES
ESTUVE HABLANDO. ÉL ES EL
CORDERO DE DIOS QUE QUITA
EL PECADO DEL MUNDO.

DE INMEDIATO, ANDRÉS
Y JUAN SIGUEN
A JESÚS.

¿QUÉ
BUSCAN?

SOLO
QUEREMOS
ESCUCHARTE
HABLAR.

ANDRÉS SE QUEDA CON JESÚS
EL RESTO DEL DÍA. ASÍ
PASAN LAS HORAS.

NO VEO
LA HORA DE
CONTARLE A MI
HERMANO ACERCA
DE TI, JESÚS.

ANDRÉS CORRE A BUSCAR A SU HERMANO, SIMÓN.

¡SIMÓN,
ACABO DE
CONOCER AL
SALVADOR
DEL MUNDO!

SIMÓN SIGUE A ANDRÉS DE REGRESO POR LAS CALLES DE BETANIA.

ESTE ES MI HERMANO, SIMÓN.

SÍ, TÚ ERES SIMÓN, PERO DE AHORA EN ADELANTE TE LLAMARÁS «PEDRO»* PORQUE SERÁS LA ROCA SOBRE LA QUE CONSTRUIRÉ MI IGLESIA.

* EN GRIEGO, PEDRO SIGNIFICA «ROCA».

AL DÍA SIGUIENTE JESÚS SE DIRIGE AL NORTE, A GALILEA. INVITA A OTRO JOVEN, FELIPE, A SER SU DISCÍPULO.

FELIPE ACEPTA LA INVITACIÓN DE JESÚS. IGUAL QUE ANDRÉS, QUIERE COMPARTIR LAS BUENAS NOTICIAS, Y ENTONCES SE APURA PARA CONTÁRSELAS A UN AMIGO.

¡NATANAEL, VEN CONMIGO! ¡ENCONTRÉ AL SALVADOR! ES JESÚS DE NAZARET.

¿NAZARET? ¿PUEDE VENIR ALGO BUENO DE ESE PUEBLO?

SI LO QUE DICES FUERA CIERTO, LA GENTE DEJARÍA TODO PARA SEGUIRLE.

VEN Y VE.

NATANAEL VE A JESÚS, PERO TODAVÍA NO CREE. ENTONCES JESÚS HABLA...

¿Nacer dos veces?

BASADO EN JUAN 3

NICODEMO, JUEZ EN LA CORTE SUPREMA JUDÍA, QUIERE HACER ALGUNAS PREGUNTAS A ESTE HACEDOR DE MILAGROS, Y QUIERE HACÉRSELAS EN PRIVADO. «¿ES JESÚS EL SALVADOR QUE DERROCARÁ A LOS ROMANOS?». «¿QUÉ DEBE HACER UNA PERSONA PARA ENTRAR EN EL REINO DE DIOS?». DE MODO QUE UNA NOCHE VA EN SECRETO AL LUGAR DONDE JESÚS ESTÁ ALOJADO. PERO ANTES DE QUE PUEDA HACER SUS PREGUNTAS, JESÚS LE HABLA.

NADIE PUEDE ENTRAR AL REINO DE DIOS SI NO NACE DE NUEVO.

¡ESO ES IMPOSIBLE! ¿CÓMO PUEDO NACER OTRA VEZ, SIENDO YA VIEJO?

NACISTE UNA VEZ DE PADRES HUMANOS. AHORA DEBES NACER NUEVAMENTE POR EL ESPÍRITU DE DIOS. ENTONCES PODRÁS VIVIR EN SU REINO.

NO ENTIENDO.

Agua viva

BASADO EN JUAN 4; LUCAS 4:14-30

JESÚS DECIDE TRASLADARSE DE JUDEA A GALILEA. EN EL CAMINO PASA POR SAMARIA. CUANDO ÉL Y SUS DISCÍPULOS SE ACERCAN A UN POZO, JESÚS SE SIENTA A DESCANSAR. LOS DISCÍPULOS VAN AL PUEBLO EN BUSCA DE COMIDA.

¡ESPERO QUE ESOS SAMARITANOS NO NOS CAUSEN ALGÚN PROBLEMA!

¿PUEDES DARME DE BEBER?

ES JUDÍO Y YO SOY SAMARITANA, ¿ACASO NO SABE QUE NO DEBERÍA HABLAR CONMIGO?

JUDÍOS Y SAMARITANOS HAN MANTENIDO UNA AMARGA ENEMISTAD DURANTE MÁS DE 500 AÑOS. CUANDO JESÚS PIDE A LA MUJER SAMARITANA QUE LE CONVIDE AGUA, ELLA SE SORPRENDE.

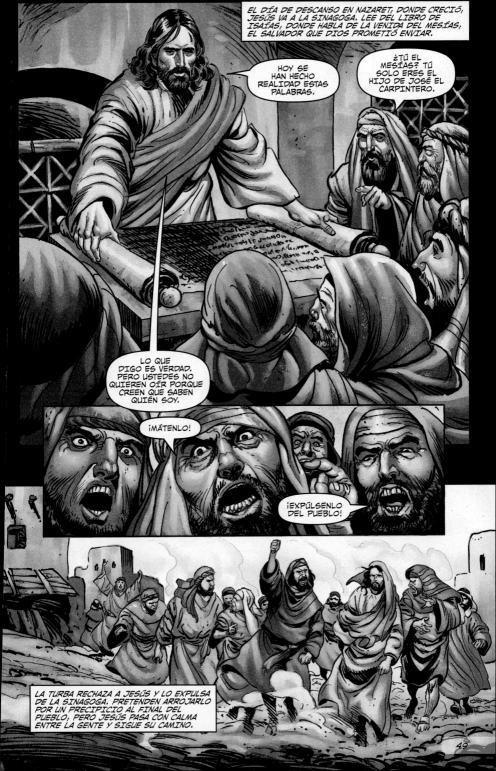

Sobre el techo
BASADO EN MARCOS 2:1-12

JESÚS CONTINÚA SANANDO GENTE, ¡AUN A LOS QUE SUFREN DE LEPRA! COMO RESULTADO, A CUALQUIER LUGAR DONDE VA JESÚS LO SIGUE LA MULTITUD CON LA EXPECTATIVA DE VER MÁS MILAGROS. UN DÍA, EN CAPERNAÚM, SE JUNTA TANTA GENTE EN UNA CASA QUE NO HAY MANERA DE METERSE. CUATRO HOMBRES TRAEN A SU AMIGO LISIADO PARA VER A JESÚS. ESTÁ PARALÍTICO; NO PUEDE CAMINAR. AL VER QUE NO PUEDEN PASAR POR LA PUERTA, SUBEN AL TECHO.

¿QUÉ ESTÁN HACIENDO?

¡ESTAMOS HACIENDO UN AGUJERO PARA QUE PUEDAS VER A JESÚS!

EL ESFUERZO DE SUS AMIGOS RINDE FRUTOS. BAJAN A SU AMIGO PARALÍTICO A TRAVÉS DEL TECHO JUSTO FRENTE A JESÚS. ESTE VE LA FE DE ELLOS Y SABE LO QUE EL HOMBRE REALMENTE NECESITA.

TUS PECADOS SON PERDONADOS.

LA GENTE ESTÁ MARAVILLADA, PERO ALGUNOS DE LOS LÍDERES, LOS FARISEOS, ESTÁN ENOJADOS POR LO QUE JESÚS HA DICHO.

¿CÓMO PUEDE DECIR SEMEJANTE MENTIRA?

¡SOLO DIOS PUEDE PERDONAR PECADOS!

JESÚS SABE LO QUE PIENSAN LOS FARISEOS.

¿QUÉ ES MÁS DIFÍCIL DE HACER? ¿PERDONAR LOS PECADOS DE UN HOMBRE O SANAR SUS PIERNAS?

PARA DEMOSTRAR QUE TENGO AUTORIDAD PARA PERDONAR PECADOS, TAMBIÉN SANARÉ LAS PIERNAS DE ESTE HOMBRE. PONTE DE PIE, TOMA TU CAMILLA Y VETE A TU CASA.

EL PARALÍTICO RECOGE SU CAMILLA Y SALE CAMINANDO. TODOS PUEDEN VERLO.

¡MIS PECADOS ESTÁN PERDONADOS! ¡ESTOY SANO! ¡ALABADO SEA DIOS!

¡NUNCA VI NADA IGUAL!

¡ES ASOMBROSO!

JESÚS SALE DE LA CASA. AL PASAR POR LA CABINA DE COBRO DE IMPUESTOS EN LA PUERTA DE LA CIUDAD...

USTEDES, LOS COBRADORES DE IMPUESTOS, SON TODOS LADRONES. YO NO PUEDO PAGAR ESA SUMA, Y USTEDES LO SABEN.

¡MEJOR PAGUE! SI NO CUMPLE, PUEDO HACER QUE LOS ROMANOS LO METAN EN LA CÁRCEL.

El sermón del monte
BASADO EN LUCAS 6:12-16; MATEO 5-8; 13; MARCOS 4:1-20

JESÚS SABE QUE LOS FARISEOS ESTÁN CONSPIRANDO PARA MATARLO, PERO NO DEJA QUE ESO LE IMPIDA HACER LA OBRA DE DIOS. SUBE A LA MONTAÑA Y ORA DURANTE LA NOCHE.

POR LA MAÑANA, JESÚS DESIGNA A 12 HOMBRES PARA QUE SEAN SUS AYUDANTES DE TIEMPO COMPLETO EN LA OBRA DE DIOS: SIMÓN PEDRO, ANDRÉS, SANTIAGO, JUAN, FELIPE, NATANAEL BARTOLOMÉ, MATEO, TOMÁS, SANTIAGO EL HIJO DE ALFEO, TADEO, SIMÓN EL ZELOTE Y JUDAS ISCARIOTE.

LOS QUE CREEN EN MÍ SON COMO LA SAL QUE LE DA SABOR A LA COMIDA. SON UNA LUZ EN LA OSCURIDAD, QUE AYUDA A QUE OTROS PUEDAN VER A NUESTRO PADRE CELESTIAL.

NO SE PREOCUPEN POR LO QUE VAN A COMER O BEBER. MIREN A LOS PÁJAROS; NO PLANTAN NI COSECHAN, PERO SU PADRE CELESTIAL LOS ALIMENTA. ¡USTEDES VALEN MUCHO MÁS QUE LOS GORRIONES! DIOS SE OCUPARÁ DE SUS NECESIDADES. NO SE PREOCUPEN POR EL MAÑANA; EL DÍA DE MAÑANA TRAERÁ SUS PROPIAS PREOCUPACIONES.

SI ESCUCHAN MIS PALABRAS Y LAS SIGUEN, SERÁN COMO EL HOMBRE SABIO QUE CONSTRUYÓ SU CASA SOBRE LA ROCA.

VINO LA TORMENTA, Y AZOTÓ A SU CASA CON LLUVIA, INUNDACIÓN Y VIENTO, PERO SU CASA NO SE CAYÓ PORQUE TENÍA SÓLIDOS CIMIENTOS CONSTRUIDOS SOBRE LA ROCA.

CUALQUIERA QUE ESCUCHA MIS PALABRAS PERO NO LAS SIGUE ES COMO EL HOMBRE NECIO QUE CONSTRUYÓ SU CASA SOBRE LA ARENA. LA MISMA TORMENTA LA DEJÓ EN RUINAS.

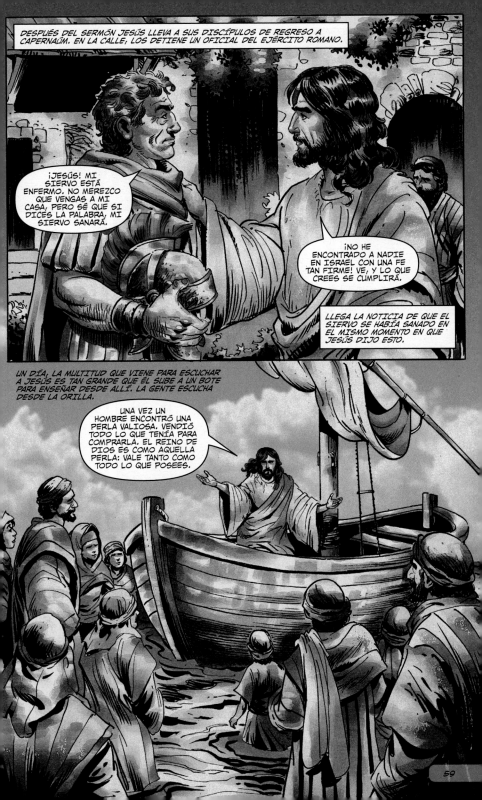

JESÚS LES CUENTA OTRA HISTORIA:

UN SEMBRADOR SALIÓ A SEMBRAR...

ALGUNAS SEMILLAS CAYERON EN SUELO PEDREGOSO. CRECIERON UN POCO PERO LUEGO SE SECARON PORQUE NO TENÍAN RAÍCES FUERTES.

MIENTRAS DISPERSABA LAS SEMILLAS, PARTE DE ELLAS CAYÓ EN EL CAMINO. RÁPIDAMENTE VINIERON LOS PÁJAROS Y SE LAS COMIERON.

OTRAS SEMILLAS CAYERON EN MEDIO DE LA MALEZA. FINALMENTE LA MALEZA AHOGÓ A LAS PLANTAS.

PERO ALGUNAS SEMILLAS... ALGUNAS SEMILLAS CAYERON EN TIERRA FÉRTIL. PRODUJERON UNA COSECHA 100 VECES MÁS NUMEROSA DE LO QUE SE HABÍA SEMBRADO.

JESÚS TERMINA SU PARÁBOLA Y SE SIENTA EN SILENCIO, DEJANDO QUE LA MULTITUD ABSORBA EL NUDO DE LA HISTORIA.

NO ENTENDEMOS.

¡EL QUE TENGA OÍDOS, ESCUCHE!

LAS SEMILLAS SON MI MENSAJE SOBRE EL REINO DE DIOS. SI LAS PERSONAS NO ENTIENDEN MI MENSAJE, EL DIABLO SE LANZA COMO LOS PÁJAROS Y DEVORA MIS PALABRAS ANTES DE QUE PUEDAN CRECER. EL SUELO ROCOSO ES COMO AQUELLAS PERSONAS QUE ESCUCHAN MIS PALABRAS PERO LUEGO ME ABANDONAN PORQUE LO ENCUENTRAN MUY DIFÍCIL. LAS MALEZAS Y LAS ESPINAS SON COMO LAS PREOCUPACIONES DE ESTA VIDA QUE AHOGAN LA ESPERANZA QUE LA GENTE PONE EN MÍ. PERO EL SUELO FÉRTIL REPRESENTA A QUIENES ESCUCHAN MIS PALABRAS, LAS ENTIENDEN Y ME SIGUEN.

Tormenta en el mar
BASADO EN MARCOS 4:35–5:24

¡SAL DE ESTE HOMBRE, ESPÍRITU MALIGNO!

LOS DEMONIOS SON ENVIADOS A UNA MANADA DE CERDOS QUE SE ALIMENTA ALLÍ CERCA. LOS CERDOS POSEÍDOS SE LANZAN AL PRECIPICIO Y SE AHOGAN.

¡EL HOMBRE QUEDA SANO! AGRADECIDO, QUIERE IRSE CON JESÚS; PERO JESÚS LE DICE QUE COMPARTA LO QUE LE HA OCURRIDO POR LA MISERICORDIA DE DIOS.

DE REGRESO EN GALILEA, MIENTRAS JESÚS ESTÁ ENSEÑANDO, JAIRO, UN LÍDER DE LA SINAGOGA, CAE A LOS PIES DE JESÚS.

MI HIJITA SE ESTÁ MURIENDO. SI PONES TUS MANOS SOBRE ELLA, VIVIRÁ. ¡VEN, POR FAVOR!

JESÚS VA CON JAIRO. EN EL CAMINO, VIENE A SU ENCUENTRO UN SIRVIENTE DE LA CASA DE JAIRO.

¡ES DEMASIADO TARDE! ¡SU HIJA HA MUERTO!

63

MIENTRAS LOS DISCÍPULOS DE JESÚS SALEN A DIFUNDIR SU MENSAJE, JUAN EL BAUTISTA ESTÁ ATAREADO, ACUSANDO AL REY DE QUEBRANTAR LA LEY DE DIOS. COMO DE COSTUMBRE, JUAN NO SE PREOCUPA DE SER DIPLOMÁTICO.

HERODES NO QUIERE MATAR A JUAN. ES MÁS, PIENSA QUE LOS DISCURSOS DE JUAN SON ENTRETENIDOS, AUNQUE NO ENTIENDE GRAN COSA DE LO QUE DICE. PERO LA ESPOSA DE HERODES ESTÁ FURIOSA, Y OBLIGA A HERODES A PONER A JUAN EN LA CÁRCEL PORQUE LE FALTA EL RESPETO.

A LA NUEVA ESPOSA DE HERODES ESTO NO LE ALCANZA. ELLA Y SU HIJA SALOMÉ IDEAN UN PERVERSO PLAN. UNA NOCHE, CUANDO LOS FUNCIONARIOS Y LOS GENERALES DEL EJÉRCITO DE HERODES VIENEN A UN BANQUETE, SALOMÉ LOS ENTRETIENE CON SU DANZA.

¡HIJO DE VÍBORA! YA ES BASTANTE MALO QUE TU HERMANO SE HAYA DIVORCIADO DE SU ESPOSA. ¡PERO AHORA TE HAS CASADO TÚ CON ELLA! DOS PECADOS NO CORRIGEN EL MAL.

¡LA HIJASTRA DE HERODES ES UNA BAILARINA MARAVILLOSA!

¡Y TAMBIÉN ES INTELIGENTE!

¡SALOMÉ! GRACIAS POR EMBELLECER NUESTRA FIESTA. PÍDEME LO QUE QUIERAS Y TE LO DARÉ, NO IMPORTA LO QUE SEA.

GRACIAS, MI SEÑOR. LO QUE MÁS QUISIERA ES... LA CABEZA DE JUAN EL BAUTISTA, SERVIDA EN UNA BANDEJA.

AUNQUE A HERODES LE PERTURBA LA IDEA DE EJECUTAR A JUAN, NO PUEDE RETIRAR SU JURAMENTO EN PRESENCIA DE TODOS SUS CONSEJEROS. ORDENA QUE JUAN EL BAUTISTA SEA EJECUTADO DE INMEDIATO, Y QUE SU CABEZA SE ENTREGUE EN UNA BANDEJA A SALOMÉ Y A SU MALVADA MADRE.

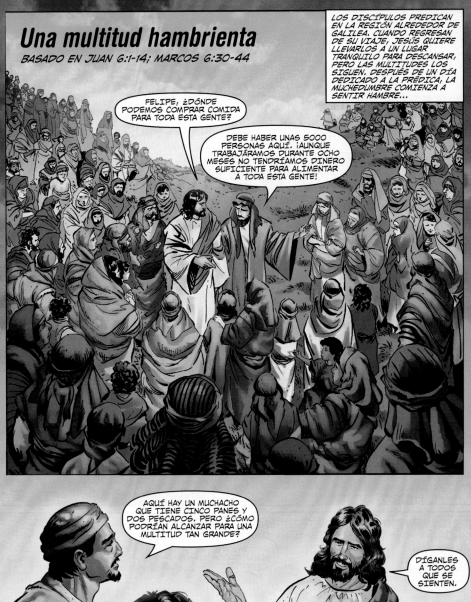

Una multitud hambrienta

BASADO EN JUAN 6:1-14; MARCOS 6:30-44

LA GENTE ESTÁ HAMBRIENTA, PERO SE SIENTA EN EL CÉSPED Y ESPERA A VER QUÉ HACE JESÚS.

PADRE, TE DOY GRACIAS POR ESTE PAN Y ESTE PESCADO.

JESÚS LES DICE A SUS DISCÍPULOS QUE COMIENCEN A REPARTIR EL PAN Y EL PESCADO.

¡MIREN! ¡LA COMIDA NO SE ACABA! TODOS TIENEN SUFICIENTE.

¡ES UN MILAGRO!

68

Caminando sobre las aguas

BASADO EN MATEO 14:22-33; JUAN 6:15-21; MARCOS 6:45-52

PERO DIOS ENVIÓ A JESÚS PARA QUE FUERA EL SALVADOR DEL MUNDO, NO UN CONQUISTADOR DE EJÉRCITOS. CUANDO JESÚS ADVIERTE QUE LA MULTITUD QUIERE FORZARLO A SER REY, ALEJA RÁPIDAMENTE A SUS DISCÍPULOS DE LA GENTE.

DEBERÍAMOS PARTIR ANTES DE QUE ESTA MULTITUD COMIENCE UN DISTURBIO. DESAMARREN LA BARCA Y CRUCEN A LA OTRA ORILLA DEL MAR. YO LOS ALCANZARÉ MÁS TARDE.

MIENTRAS LOS DISCÍPULOS REMAN CRUZANDO EL MAR, JESÚS SUBE A LA MONTAÑA A ORAR. ESA NOCHE, EN EL MAR DE GALILEA...

¿CÓMO NOS ALCANZARÁ JESÚS SIN UNA BARCA?

¡MIREN, MUCHACHOS! ¿QUÉ ES ESO?

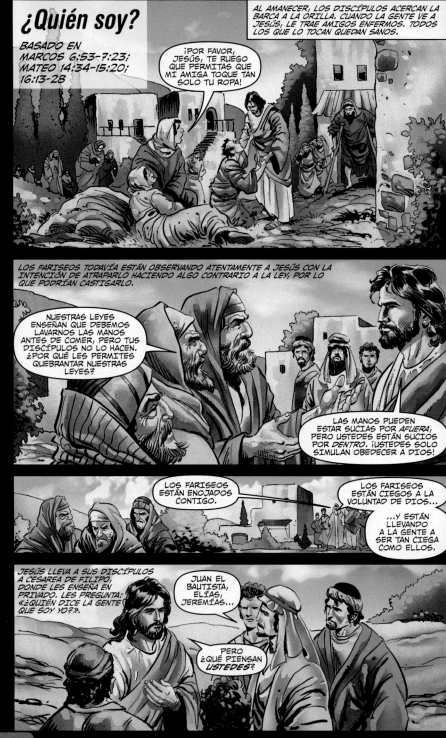

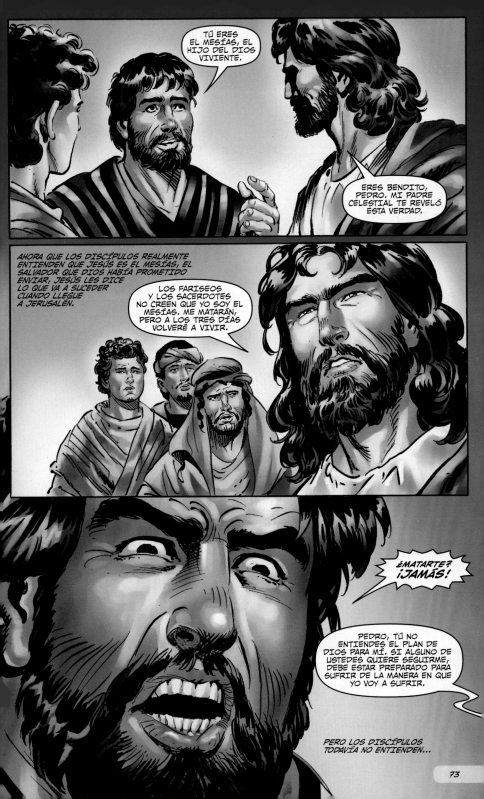

Una visión en la montaña

BASADO EN MATEO 17:1-21; MARCOS 9:2-29

A PESAR DE QUE JESÚS AFIRMA QUE LO MATARÁN, SUS DISCÍPULOS ESTÁN SEGUROS DE QUE FÁCILMENTE PUEDE USAR SU PODER PARA SALVARSE. PERO JESÚS QUIERE QUE ENTIENDAN SU VERDADERA MISIÓN. DE MODO QUE, POCOS DÍAS MÁS TARDE, JESÚS LLAMA A PEDRO, A SANTIAGO Y A JUAN.

SUBAN CONMIGO A LA MONTAÑA.

¿POR QUÉ SOLO NOSOTROS?

DE PRONTO, EL ROSTRO DE JESÚS BRILLA COMO EL SOL, Y SU ROPA EMPIEZA A RESPLANDECER. JUNTO A JESÚS ESTÁN ELÍAS Y MOISÉS, DOS DE LOS MÁS GRANDES PROFETAS DE DIOS.

JESÚS ALCANZA A OÍR LA DISCUSIÓN DE LOS DISCÍPULOS Y SE DA CUENTA DE QUE PIENSAN QUE EL CIELO FUNCIONA IGUAL QUE LA TIERRA. DECIDE QUE ES HORA DE DARLES UNA DEMOSTRACIÓN. PARA AYUDARLES A ENTENDER MÁS ACERCA DEL REINO DE DIOS, JESÚS LLAMA A UN NIÑO.

USTEDES DEBEN VOLVERSE COMO LOS NIÑOS PEQUEÑOS. SI NO LO HACEN, NO ENTRARÁN AL REINO DE LOS CIELOS.

USTEDES DEBEN SER TAN CONFIADOS E INOCENTES COMO ESTE NIÑO. DEN EN MI NOMBRE LA BIENVENIDA A LOS PEQUEÑOS COMO ESTE.

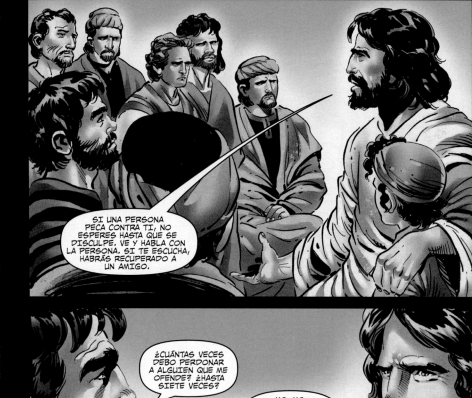

SI UNA PERSONA PECA CONTRA TI, NO ESPERES HASTA QUE SE DISCULPE. VE Y HABLA CON LA PERSONA. SI TE ESCUCHA, HABRÁS RECUPERADO A UN AMIGO.

¿CUÁNTAS VECES DEBO PERDONAR A ALGUIEN QUE ME OFENDE? ¿HASTA SIETE VECES?

NO, NO SIETE VECES ¡SINO 490! NI SIQUIERA LLEVES LA CUENTA. SOLO SIGUE PERDONANDO.

DESDE CAPERNAÚM, JESÚS SE DIRIGE HACIA EL SUR, A JUDEA, Y FINALMENTE LLEGA A JERUSALÉN. SABE QUE SE ACERCA EL MOMENTO DE SU ARRESTO. LA GENTE SE HACE PREGUNTAS ACERCA DE ÉL...

ES UN HOMBRE BUENO.

¡NO, ES UN IMPOSTOR!

¿CÓMO SABE TANTAS COSAS SIN HABER ESTUDIADO?

POR UN MOMENTO, JESÚS IGNORA LA INTERRUPCIÓN DE LOS FARISEOS Y ESCRIBE EN EL SUELO CON EL DEDO.

Y BIEN, ¿¿CUÁL ES TU RESPUESTA??

CUALQUIERA DE USTEDES QUE NUNCA HAYA PECADO PUEDE ARROJAR LA PRIMERA PIEDRA.

JESÚS ACABA DE HACERLOS CAER EN SU PROPIA TRAMPA: NINGUNO DE ELLOS PUEDE FINGIR NO HABER PECADO NUNCA. UNO TRAS OTRO, LOS FARISEOS DEJAN CAER SUS PIEDRAS Y SE DESLIZAN ALEJÁNDOSE DE LA MULTITUD.

MUJER, ¿QUIÉN TE ACUSA?

PUES... CREO QUE NADIE.

YO TAMPOCO TE ACUSO. VE EN PAZ, PERO NO PEQUES MÁS.

AHORA LOS FARISEOS Y LOS SACERDOTES ESTÁN MÁS DECIDIDOS QUE NUNCA A DETENER A JESÚS.

TODO EL QUE CREA QUE JESÚS ES EL MESÍAS DEBE SER EXPULSADO DE LA SINAGOGA.

TENEMOS QUE ARRESTAR PRONTO A JESÚS, ANTES DE QUE HAYA MÁS GENTE SEGURA DE QUE ES EL SALVADOR.

JESÚS ES DEMASIADO POPULAR PARA SER ARRESTADO. LOS SACERDOTES TIENEN TEMOR DE PROVOCAR UN PROBLEMA MIENTRAS LA CIUDAD ESTÉ LLENA DE GENTE QUE ASISTE A LA FIESTA. HASTA QUE UN DÍA...

VENGO A TRAER LA GLORIA DE DIOS. YO ESTABA CON DIOS AUN ANTES DE LOS DÍAS DE ABRAHAM.

¡CÓMO SE ATREVE A FINGIR QUE CONOCE A DIOS DE ESA MANERA!

¡APEDRÉENLO! ¡APEDRÉENLO!

LOS FARISEOS LEVANTAN PIEDRAS PARA ARROJÁRSELAS A JESÚS, PERO ÉL DESAPARECE DE LA VISTA DE ELLOS.

81

¡SÍ, SOY EL HOMBRE QUE ESTABA CIEGO! JESÚS ME DIO LA VISTA.

LOS VECINOS NO SABEN QUÉ PENSAR. LLEVAN AL HOMBRE A VER A LOS FARISEOS.

ESTE JESÚS DEL QUE HABLAS ES UN PECADOR. TRABAJA EN EL DÍA DE DESCANSO.

NO SÉ SI ES UN PECADOR. SOLO SÉ QUE YO ERA CIEGO, Y AHORA PUEDO VER.

LOS FARISEOS INTENTAN PONER AL HOMBRE EN CONTRA DE JESÚS. CUANDO NO LO LOGRAN, LO EXPULSAN DE LA SINAGOGA. JESÚS SE ENTERA DE LO OCURRIDO Y BUSCA AL HOMBRE.

¿CREES EN EL HIJO DE DIOS?

¿QUIÉN ES? ¡DÍMELO Y CREERÉ!

LO HAS VISTO CON TUS PROPIOS OJOS. YO SOY EL HIJO DE DIOS.

SEÑOR, ¡LO CREO!

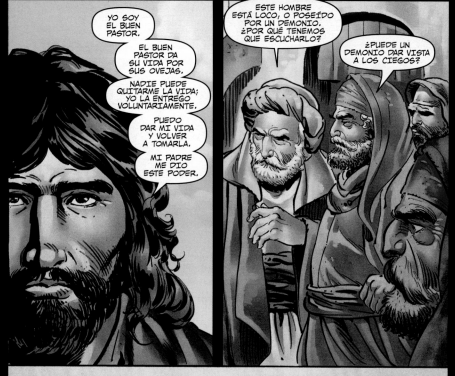

YO SOY EL BUEN PASTOR.

EL BUEN PASTOR DA SU VIDA POR SUS OVEJAS.

NADIE PUEDE QUITARME LA VIDA; YO LA ENTREGO VOLUNTARIAMENTE.

PUEDO DAR MI VIDA Y VOLVER A TOMARLA.

MI PADRE ME DIO ESTE PODER.

ESTE HOMBRE ESTÁ LOCO, O POSEÍDO POR UN DEMONIO. ¿POR QUÉ TENEMOS QUE ESCUCHARLO?

¿PUEDE UN DEMONIO DAR VISTA A LOS CIEGOS?

LOS FARISEOS Y LOS SACERDOTES NO PUEDEN DEJAR DE DISCUTIR. ALGUNOS PIENSAN QUE JESÚS ESTÁ TRABAJANDO CON EL DIABLO. OTROS DICEN QUE NO, PERO AUN ASÍ SE NIEGAN A CREER QUE SEA EL HIJO DE DIOS. POCOS DÍAS MÁS TARDE, JESÚS SALE DE JERUSALÉN PARA ENSEÑAR EN LA REGIÓN QUE RODEA A LA CIUDAD.

EN UNA ALDEA, UN EXPERTO EN LA LEY RELIGIOSA ESPERA LA OPORTUNIDAD PARA PONER A PRUEBA A JESÚS.

AVERIGUARÉ POR MÍ MISMO CÓMO RESPONDE ESTE JOVEN MAESTRO A UNA PREGUNTA DIFÍCIL...

ES FÁCIL
DECIRLO. PERO
¿QUIÉN ES MI
PRÓJIMO?

CORRECTO. HAZ
ESO Y TENDRÁS LA
VIDA ETERNA.

JESÚS RESPONDE CON UNA HISTORIA...

UN HOMBRE ESTÁ VIAJANDO
DE JERUSALÉN A JERICÓ.
EN EL CAMINO LO ATACAN
PARA ROBARLE. LO
GOLPEAN Y LO ABANDONAN
DÁNDOLO POR MUERTO.

UN SACERDOTE PASA POR EL MISMO CAMINO. VE AL HOMBRE
HERIDO Y TEME QUE LOS LADRONES TODAVÍA ESTÉN CERCA...

...DE MODO QUE SIGUE
RÁPIDAMENTE SU MARCHA.

MÁS TARDE PASA UN LEVITA, AYUDANTE DEL TEMPLO, PERO
TIENE COSAS IMPORTANTES PARA HACER EN JERICÓ...

...DE MODO QUE ÉL TAMBIÉN PASA DE LARGO.

PERO CUANDO UN SAMARITANO VE AL HOMBRE HERIDO, SE DETIENE. AUNQUE JUDÍOS Y SAMARITANOS SON ENEMIGOS, ESTE SE OCUPA DE LAS HERIDAS DEL HOMBRE. LUEGO LO LLEVA A UNA POSADA Y PAGA PARA QUE LO CUIDEN HASTA QUE SE RECUPERE.

CUANDO JESÚS TERMINA EL RELATO DEL BUEN SAMARITANO, PREGUNTA:

¿CUÁL DE ESTOS VIAJEROS FUE EL PRÓJIMO DEL QUE HABÍA SIDO ASALTADO?

EL HOMBRE QUE LO AYUDÓ.

VE Y HAZ LO MISMO.

Lecciones en la oración

BASADO EN LUCAS 10:38-11:4; MATEO 6:9-13; JUAN 10:22-39

JESÚS CONTINÚA SU VIAJE DE ENSEÑANZA. EN BETANIA SE DETIENE PARA VISITAR A SUS AMIGOS MARÍA, MARTA Y LÁZARO. MARÍA DEJA TODO LO QUE ESTÁ HACIENDO Y SE SIENTA A ESCUCHAR A JESÚS. PERO MARTA...

¡NO ES JUSTO QUE YO ESTÉ HACIENDO TODO EL TRABAJO!

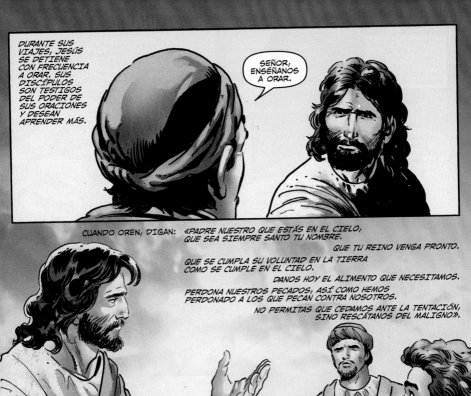

DURANTE SUS VIAJES, JESÚS SE DETIENE CON FRECUENCIA A ORAR. SUS DISCÍPULOS SON TESTIGOS DEL PODER DE SUS ORACIONES Y DESEAN APRENDER MÁS.

SEÑOR, ENSÉÑANOS A ORAR.

CUANDO OREN, DIGAN: «PADRE NUESTRO QUE ESTÁS EN EL CIELO, QUE SEA SIEMPRE SANTO TU NOMBRE.

QUE TU REINO VENGA PRONTO.

QUE SE CUMPLA SU VOLUNTAD EN LA TIERRA COMO SE CUMPLE EN EL CIELO.

DANOS HOY EL ALIMENTO QUE NECESITAMOS.

PERDONA NUESTROS PECADOS, ASÍ COMO HEMOS PERDONADO A LOS QUE PECAN CONTRA NOSOTROS.

NO PERMITAS QUE CEDAMOS ANTE LA TENTACIÓN, SINO RESCÁTANOS DEL MALIGNO».

POR UN MOMENTO NADIE HABLA. LUEGO LOS DISCÍPULOS DICEN SUAVEMENTE «AMÉN», ASINTIENDO A ESTA SENCILLA ORACIÓN. ENTONCES JESÚS Y SUS SEGUIDORES SIGUEN VIAJANDO POR JUDEA, PREDICANDO Y SANANDO. CUANDO JESÚS REGRESA A JERUSALÉN PARA ASISTIR A UNA FIESTA RELIGIOSA, LA CIUDAD ESTÁ LLENA DE GENTE QUE HABLA Y SE PREGUNTA ACERCA DE JESÚS.

MIENTRAS JESÚS CAMINA EN EL TEMPLO POR EL PÓRTICO DE SALOMON, LO RODEA LA GENTE.

¿CUÁNTO TIEMPO NOS TENDRÁS ESPERANDO? ¡SI ERES EL MESÍAS, DILO!

YA SE LOS HE DICHO. PERO USTEDES NO CREEN EN LAS COSAS QUE HICE EN EL NOMBRE DE MI PADRE.

¿ESCUCHARON ESO? ¡PRETENDE SER DIOS!

¡APEDRÉENLO! ¡ARRÉSTENLO!

PERO JESÚS SE ALEJA CON CALMA, Y LO EXTRAÑO ES QUE NADIE INTENTA DETENERLO.

El padre amoroso
BASADO EN LUCAS 15:11-32

JESÚS SE VA DE JERUSALÉN Y CONTINÚA PREDICANDO. LOS FARISEOS SE QUEJAN PORQUE PASA TIEMPO CON LOS PECADORES. ENTONCES JESÚS RELATA UNA HISTORIA SOBRE UN HOMBRE Y SUS DOS HIJOS. UN DÍA EL MENOR SE ACERCA AL PADRE...

PADRE, QUIERO HACER MI PROPIA VIDA. DAME AHORA LA PARTE DE LA HERENCIA QUE ME CORRESPONDE. NO QUIERO ESPERAR HASTA QUE MUERAS.

SI QUIERES EL DINERO, TE LO DARÉ. REPARTIRÉ MIS BIENES ENTRE TU HERMANO Y TÚ.

EL HIJO MENOR SE VA A UN PAÍS LEJANO...

¡TRÁIGANLE A MI HIJO LA MEJOR TÚNICA QUE HAYA EN LA CASA! ¡PREPAREN UN BANQUETE! ¡MI HIJO ESTABA PERDIDO Y HA SIDO ENCONTRADO!

AFUERA EN EL CAMPO, EL HIJO MAYOR TRABAJA DURAMENTE.

SI MI HERMANO ESTUVIERA AQUÍ, YO NO TENDRÍA TANTO TRABAJO.

EN LA TARDE, EL HIJO MAYOR LLEGA A CASA DEL CAMPO. AL ACERCARSE A LA CASA, PUEDE OÍR MÚSICA Y BAILE.

¿QUÉ ESTÁ PASANDO?

TU HERMANO HA REGRESADO A CASA SANO Y SALVO. TU PADRE ESTÁ DANDO UN FIESTA EN SU HONOR.

ENOJADO, EL HIJO MAYOR SE NIEGA A ENTRAR Y PARTICIPAR DE LA FIESTA. ENTONCES SU PADRE SALE A HABLAR CON ÉL.

SIEMPRE HE OBEDECIDO TODO LO QUE QUERÍAS QUE HICIERA, Y NUNCA ME DEJASTE TENER UNA FIESTA CON MIS AMIGOS; PERO PARA ÉL ORGANIZAS EL MEJOR DE LOS BANQUETES.

TODO LO QUE TENGO ES TUYO. PERO DEBEMOS CELEBRAR, PORQUE TU HERMANO ESTABA COMO MUERTO, Y AHORA ESTÁ SANO Y SALVO.

CUANDO JESÚS TERMINA DE RELATAR LA HISTORIA, LA GENTE SE MIRA CON ASOMBRO.

¡UN MOMENTO! ¿ES DIOS COMO EL PADRE EN ESTA HISTORIA?

¡SÍ! YA LO VEO. ESTÁS DICIENDO QUE DIOS ESTÁ DISPUESTO A PERDONARNOS A NOSOTROS PECADORES SI TAN SOLO REGRESAMOS A ÉL.

Jesús lloró
BASADO EN JUAN 11; MARCOS 10:13-22

MIENTRAS JESÚS ESTÁ ENSEÑANDO EN PEREA, LE AVISAN QUE HA MUERTO LÁZARO, EL HERMANO DE MARÍA Y MARTA. JESÚS DECIDE IR A BETANIA.

¿BETANIA? ESTÁ DEMASIADO CERCA DE JERUSALÉN, DONDE LOS FARISEOS QUERÍAN LAPIDARTE. ¿ESTÁS SEGURO DE QUE DEBERÍAMOS VOLVER ALLÍ?

NUESTRO AMIGO LÁZARO ESTÁ DORMIDO. IRÉ A DESPERTARLO.

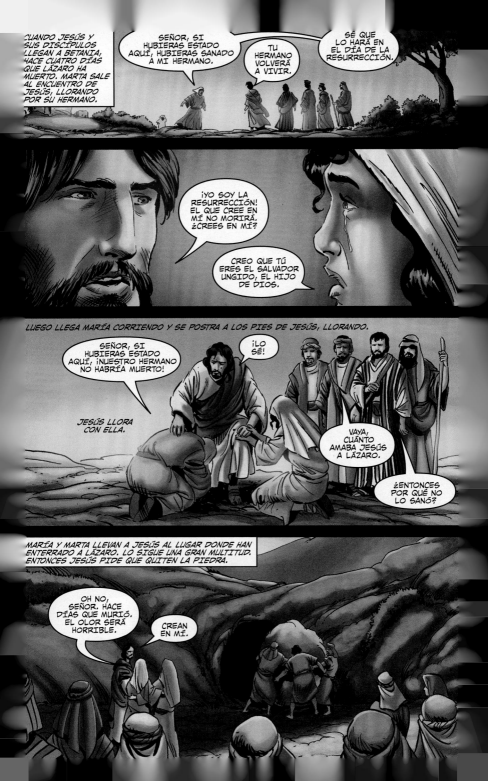

SI CONTINÚA HACIENDO MILAGROS, LA GENTE TRATARÁ DE HACERLO REY.

SI JESÚS PROVOCA UNA REVUELTA, LOS ROMANOS NOS CULPARÁN A NOSOTROS. PERDEREMOS NUESTROS CARGOS Y NUESTRA NACIÓN SERÁ DESTRUIDA.

¿NO SE DAN CUENTA? ES MEJOR MATAR A JESÚS QUE PONER EN RIESGO A TODA LA NACIÓN. ESTE JESÚS DEBE MORIR POR EL BIEN DE LA NACIÓN.

CUANDO JESÚS SE ENTERA DE LAS INTENCIONES DE LOS LÍDERES JUDÍOS, SE VA A UN LUGAR TRANQUILO PARA ESPERAR QUE LLEGUE EL MOMENTO DE ENFRENTAR A SUS ENEMIGOS. A MEDIDA QUE SE ACERCAN LOS DÍAS DE LA PASCUA, LLEGA A JERUSALÉN GENTE DE TODAS PARTES, Y JESÚS SE SUMA A ELLOS.

LA GENTE LE TRAE A LOS NIÑITOS PARA QUE JESÚS LOS BENDIGA.

¡QUIERO QUE JESÚS BENDIGA A MI HIJO!

NO, LLÉVENSE A LOS NIÑOS. DEJEN DE MOLESTAR A JESÚS.

PERO JESÚS RECIBE CON GUSTO A LOS NIÑOS.

DEJEN QUE LOS NIÑOS VENGAN A MÍ. ¡NO LOS DETENGAN! PUES EL REINO DE DIOS PERTENECE A LOS QUE SON COMO ESTOS NIÑOS.

MÁS TARDE, UN HOMBRE JOVEN DETIENE A JESÚS PARA HACERLE UNA PREGUNTA.

MAESTRO, ¿QUÉ DEBO HACER PARA RECIBIR LA VIDA ETERNA?

DEBES GUARDAR LOS MANDAMIENTOS DE DIOS.

ESO HAGO... DESDE PEQUEÑO.

TODAVÍA TE FALTA ALGO. VENDE TODO LO QUE TIENES Y DA EL DINERO A LOS POBRES. LUEGO VEN, Y SÍGUEME.

PERO EL JOVEN SE ALEJA TRISTE, PORQUE ES RICO. LOS VIAJEROS SIGUEN SU MARCHA HACIA JERUSALÉN. EN JERICÓ...

¡POR FAVOR, DÉJENME PASAR!

¡JA! ZAQUEO, EL ENANO COBRADOR DE IMPUESTOS, QUIERE VER A JESÚS.

Hombre en árbol
BASADO EN LUCAS 19:1-35; JUAN 12:1-8

ZAQUEO, EL ACAUDALADO COBRADOR DE IMPUESTOS, ES DE TAN CORTA ESTATURA QUE NO ALCANZA A VER POR ENCIMA DE LA MULTITUD. CORRE MÁS ADELANTE Y SE TREPA A UN ÁRBOL SICÓMORO PARA VER A JESÚS. CUANDO JESÚS PASA JUNTO AL ÁRBOL...

ZAQUEO, BAJA. HOY ME HOSPEDARÉ EN TU CASA.

DE INMEDIATO ZAQUEO BAJA E INDICA A JESÚS EL CAMINO A SU CASA.

JESÚS SE HOSPEDARÁ EN LA CASA DE UN PECADOR. ¿POR QUÉ LO HACE?

ESTAR CON JESÚS LE AYUDA A ZAQUEO A RECONOCER QUE HA HECHO MUCHAS COSAS MALAS. QUIERE CAMBIAR.

DARÉ LA MITAD DE LO QUE TENGO A LOS POBRES, Y MULTIPLICARÉ POR CUATRO LO QUE DEBO A CUALQUIERA A QUIEN HAYA ENGAÑADO.

HOY HA VENIDO LA SALVACIÓN A TU CASA. ESTABAS PERDIDO Y VINE A SALVARTE.

DESDE JERICÓ, LA MULTITUD CONTINÚA EL CAMINO A JERUSALÉN PARA PARTICIPAR DEL GRAN FESTIVAL DE LA PASCUA. FALTAN TODAVÍA SEIS DÍAS, DE MODO QUE JESÚS SE DETIENE EN BETANIA PARA VISITAR A SUS AMIGOS MARÍA, MARTA Y LÁZARO. DURANTE LA CENA EN CASA DE SIMÓN EL LEPROSO, MARÍA SE ARRODILLA Y DERRAMA UN COSTOSO ACEITE SOBRE LOS PIES DE JESÚS. LUEGO, LE SECA LOS PIES CON SUS CABELLOS.

JUDAS ISCARIOTE, EL TESORERO DE LOS DISCÍPULOS, OPINA QUE ESTO ES UN DESPERDICIO DE DINERO.

PODRÍAMOS HABER VENDIDO ESE PERFUME, QUE VALE EL SALARIO DE UN AÑO DE UN TRABAJADOR, Y DARLO A LOS POBRES.

DÉJALA. SIEMPRE TENDRÁN A LOS POBRES Y PODRÁN AYUDARLOS, PERO YO NO ESTARÉ SIEMPRE AQUÍ. ELLA ESTÁ DEMOSTRANDO SU AMOR.

DURANTE SU LARGA HISTORIA, JERUSALÉN HA VISTO PASAR POR SUS PUERTAS MUCHAS PROCESIONES. LOS REYES HAN ENTRADO A CABALLO, Y LOS CONQUISTADORES HAN LLEGADO CON EJÉRCITOS. PERO LA GENTE NUNCA ANTES HA VISTO ALGO COMO ESTO.

¡JESÚS DE NAZARET! ¡JESÚS EL MESÍAS!

¿QUIÉN ES ESTE HOMBRE?

¡DILE A TUS DISCÍPULOS QUE SE DETENGAN!

SI ELLOS SE CALLARAN, ¡LAS PIEDRAS CLAMARÍAN!

Problemas de dinero

BASADO EN LUCAS 20:20-26;
MARCOS 12:12-44; MATEO 22:15-22

LOS FARISEOS ARMAN UNA ESTRATEGIA. DECIDEN HACER UNA PREGUNTA QUE OBLIGUE A JESÚS A DAR UNA RESPUESTA ERRADA, NO IMPORTA LO QUE DIGA.

ENTONCES JESÚS ADVIERTE A LA GENTE QUE NO HAGA BUENAS OBRAS SOLO PARA SER VISTOS Y PARA IMPRESIONAR A LOS DEMÁS. MIENTRAS HABLA, VE A UN HOMBRE SOBERBIO PONIENDO MUCHO DINERO EN LAS OFRENDAS DEL TEMPLO.

LUEGO, UNA VIUDA POBRE DEJA CAER HUMILDEMENTE EN LA OFRENDA DOS PEQUEÑAS MONEDAS.

LA VIUDA HA DADO MÁS QUE NADIE, PORQUE ENTREGÓ A DIOS TODO LO QUE TENÍA.

DESPUÉS DE ESTO, JESÚS SALE POR ÚLTIMA VEZ DEL TEMPLO. FUERA DE JERUSALÉN, EN LAS SUAVES LADERAS DEL MONTE DE LOS OLIVOS, ALGUNOS DISCÍPULOS LE PREGUNTAN A JESÚS SOBRE EL FUTURO. JESÚS EXPLICA QUE EL EVANGELIO SERÁ LLEVADO A TODO EL MUNDO, Y QUE LUEGO, ÉL VOLVERÁ A JUZGAR AL MUNDO.

Problemas durante la Pascua

BASADO EN MATEO 26:14-25; LUCAS 22:1-13; JUAN 13:1-30

JESÚS Y LOS DISCÍPULOS REGRESAN A BETANIA. ESA NOCHE, JUDAS VUELVE PRESUROSO A JERUSALÉN PARA LLEVAR A CABO UNA IDEA QUE HA ESTADO PLANEANDO.

UN HOMBRE QUE SE LLAMA JUDAS ISCARIOTE QUIERE VERLO. DICE QUE ES URGENTE.

¿JUDAS ISCARIOTE? ES UNO DE LOS DISCÍPULOS DE JESÚS. HAZLO PASAR.

QUIERO VER AL SUMO SACERDOTE.

SÉ CUÁNTO DESEAN LIBERARSE DE JESÚS. ¿QUÉ ME DARÁN A CAMBIO DE SU ENTREGA, LEJOS DE LAS MULTITUDES QUE CREEN EN ÉL?

TREINTA PIEZAS DE PLATA.

DESPUÉS DE ESTO, JUDAS ESPERA EL MOMENTO ADECUADO PARA ENTREGAR A JESÚS A LOS LÍDERES JUDÍOS.

MIENTRAS JUDAS ESTÁ HACIENDO ARREGLOS CON EL SUMO SACERDOTE, JESÚS MIRA MÁS ALLÁ DE LA PASCUA. CONVOCA A PEDRO Y A JUAN.

VAYAN A JERUSALÉN Y PREPAREN LA PASCUA PARA NOSOTROS.

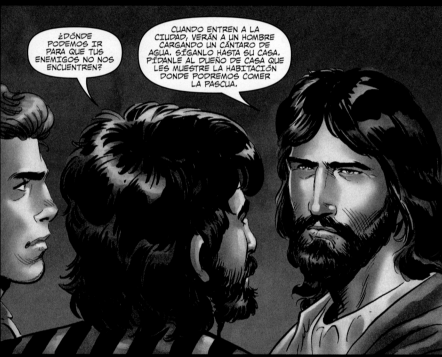

¿DÓNDE PODEMOS IR PARA QUE TUS ENEMIGOS NO NOS ENCUENTREN?

CUANDO ENTREN A LA CIUDAD, VERÁN A UN HOMBRE CARGANDO UN CÁNTARO DE AGUA. SÍGANLO HASTA SU CASA. PÍDANLE AL DUEÑO DE CASA QUE LES MUESTRE LA HABITACIÓN DONDE PODREMOS COMER LA PASCUA.

PEDRO Y JUAN SALEN DE INMEDIATO. ENCUENTRAN AL SIRVIENTE CARGANDO UN CÁNTARO DE AGUA Y LO SIGUEN.

¿DÓNDE ESTÁ LA HABITACIÓN EN LA QUE JESÚS Y SUS DISCÍPULOS PUEDEN COMER LA CENA DE PASCUA?

VENGAN CONMIGO.

DESPUÉS DE LAVAR LOS PIES DE LOS DISCÍPULOS, JESÚS VUELVE A LA MESA.

SI YO, SU SEÑOR Y MAESTRO, LES HE SERVIDO, USTEDES DEBEN HACER LO MISMO UNOS POR OTROS. EL SIERVO NO ES MAYOR QUE SU MAESTRO.

JESÚS LES ENSEÑA, PERO LOS DISCÍPULOS NO ENTIENDEN TODO LO QUE DICE. ENTONCES HACE UNA AFIRMACIÓN DESCONCERTANTE.

UNO DE USTEDES ME TRAICIONARÁ.

SEÑOR, ¿SERÉ YO?

AQUEL A QUIEN LE DOY ESTE PAN SERÁ QUIEN ME TRAICIONE.

DE INMEDIATO, JUDAS SE LEVANTA Y SALE DE PRISA, PERO LOS OTROS DISCÍPULOS NO ENTIENDEN POR QUÉ...

La Cena del Señor

BASADO EN JUAN 13:31–14:31; MATEO 26:26–56

DESPUÉS QUE SE VA JUDAS, EL TRAIDOR, JESÚS LEVANTA UN TROZO DE PAN, AGRADECE A DIOS POR ÉL, LO ROMPE Y SE LO DA A SUS DISCÍPULOS. DICE: «ESTE ES MI CUERPO». ENTONCES JESÚS LES OFRECE UNA COPA.

BEBAN TODOS DE ESTA COPA. ESTA ES MI SANGRE QUE SERÁ DERRAMADA POR SUS PECADOS. CUANDO YO ME HAYA IDO, BÉBANLA EN MEMORIA DE MÍ.

ASÍ JESÚS HACE UN NUEVO PACTO ENTRE DIOS Y AQUELLOS QUE CREEN EN JESÚS. CUANDO PARTICIPAMOS DEL PAN Y DE LA COPA EN EL NOMBRE DE JESÚS, RECORDAMOS QUE DIOS ENVIÓ A SU HIJO PARA SALVARNOS DE NUESTRO PECADO Y DARNOS VIDA ETERNA.

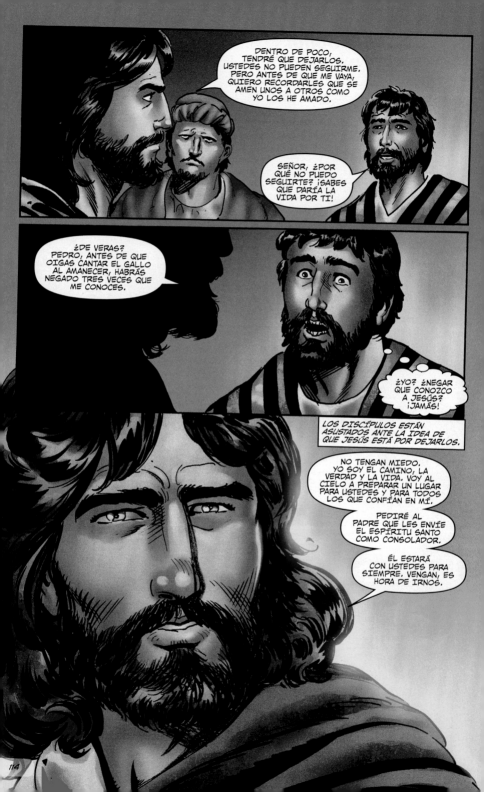

MIENTRAS JESÚS HABLA, JUDAS IRRUMPE EN EL HUERTO GUIANDO A UNA TURBA. BESA A JESÚS COMO SEÑAL PARA QUE LOS SOLDADOS SEPAN A QUIÉN ARRESTAR.

TE SALUDO, MAESTRO.

CUANDO LOS SOLDADOS TOMAN A JESÚS, RÁPIDAMENTE PEDRO SACA SU ESPADA Y CON FURIA LE CORTA LA OREJA A UN SIRVIENTE.

¡PEDRO! ¡GUARDA TU ESPADA! ¿NO SABES QUE PUEDO PEDIR A DIOS QUE ENVÍE A MILES DE ÁNGELES PARA PROTEGERME? LAS ESCRITURAS DICEN QUE ESTO ES LO QUE DEBE SUCEDER.

JESÚS TOCA SUAVEMENTE LA OREJA DEL SIERVO Y LO SANA. CUANDO LOS DISCÍPULOS VEN QUE JESÚS ESTÁ PERMITIENDO QUE LO ARRESTEN, HUYEN PARA SALVARSE. LOS SOLDADOS LLEVAN A JESÚS A JERUSALÉN, LA MISMA CIUDAD A LA QUE HABÍA ENTRADO TRIUNFALMENTE POCOS DÍAS ANTES.

116

PEDRO HA SEGUIDO EN SECRETO A JESÚS HASTA LA CIUDAD.

MIENTRAS JESÚS ES SOMETIDO A LOS INSULTOS, PEDRO ESTÁ CALENTÁNDOSE JUNTO AL FUEGO EN EL PATIO DEL PALACIO. UNA JOVEN SIRVIENTA LO MIRA DE CERCA...

¡ESTE HOMBRE ESTABA CON JESÚS!

NO SÉ DE QUÉ HABLAS.

PEDRO NO QUIERE RESPONDER MÁS PREGUNTAS, PERO QUIERE ESTAR CERCA DE JESÚS. POCOS MINUTOS MÁS TARDE...

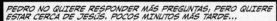

TÚ ERES UNO DE LOS DISCÍPULOS DE JESÚS.

¡NO LO SOY, LO JURO POR DIOS!

ALREDEDOR DE UNA HORA MÁS TARDE...

TE RECONOZCO. ¡ERES DEL GRUPO DE JESÚS!

¡NI SIQUIERA CONOZCO AL HOMBRE! GALILEA ES MÁS GRANDE DE LO QUE USTEDES CREEN.

TÚ ERES GALILEO, IGUAL QUE JESÚS. ME DOY CUENTA POR LA MANERA QUE HABLAS.

ESTA ES LA TERCERA VEZ QUE PEDRO NIEGA CONOCER A JESÚS. EN ESE MOMENTO, LOS GUARDIAS LLEVAN A JESÚS A TRAVÉS DEL PATIO. JESÚS SE DA VUELTA Y MIRA DIRECTAMENTE A PEDRO, Y EN EL MISMO MOMENTO PEDRO OYE CANTAR AL GALLO ANUNCIANDO EL AMANECER. ENTONCES RECUERDA LO QUE JESÚS HABÍA DICHO.

ENFERMO DE VERGÜENZA, PEDRO SALE CORRIENDO Y LLORA AMARGAMENTE.

NEGUÉ TRES VECES A JESÚS, TAL COMO ÉL DIJO QUE HARÍA. ¡DIOS MÍO, PERDÓNAME!

LA SUPREMA CORTE JUDÍA NO ESTÁ AUTORIZADA A CONDENAR A MUERTE, DE MODO QUE, EN LAS PRIMERAS HORAS DEL VIERNES, LLEVAN A JESÚS ANTE EL GOBERNADOR ROMANO, PILATO. ASTUTAMENTE, NO LO ACUSAN DE QUEBRAR LAS LEYES JUDÍAS SINO DE TRAICIONAR A ROMA. PILATO INTERROGA EN PRIVADO A JESÚS, Y LUEGO ENFRENTA A LA AGITADA MULTITUD.

NO ENCUENTRO A ESTE HOMBRE CULPABLE DE NINGÚN DELITO.

Sentencia de muerte

BASADO EN JUAN 18:39–19:22; MATEO 27:3-10

PILATO ESTÁ TEMEROSO DE ENOJAR A LOS JUDÍOS PORQUE NO QUIERE QUE AL EMPERADOR EN ROMA LE LLEGUEN INFORMES DE CONFLICTOS. ESTÁ DESESPERADO POR ENCONTRAR UNA IDEA QUE DEJE CONFORMES A LOS JUDÍOS Y A LA VEZ NO LO HAGA A ÉL RESPONSABLE DE LO QUE LE OCURRA A JESÚS.

ES COSTUMBRE LIBERAR UN PRESO DURANTE EL FESTIVAL DE LA PASCUA. ¿QUIEREN QUE LES ENTREGUE A JESÚS O AL ASESINO BARRABÁS?

¡BARRABÁS!

¡LIBERA A BARRABÁS!

¡CRUCIFICA A JESÚS!

PILATO ESTÁ PASMADO. TRATA DE SATISFACER A LA MULTITUD CON UN CASTIGO MENOR.

¡AZÓTENLO!

DESPUÉS DE AZOTARLO, LOS SOLDADOS ENTRELAZAN RAMAS DE ESPINAS PARA FORMAR UNA CORONA Y LA COLOCAN EN LA CABEZA DE JESÚS. LE PONEN UN MANTO PÚRPURA Y SE BURLAN DE ÉL.

¡JA! ¡MIREN AL REY DE LOS JUDÍOS!

NO ENCUENTRO NINGÚN MOTIVO PARA ACUSAR A ESTE HOMBRE.

¡CRUCIFÍCALO! ¡CRUCIFÍCALO!

PILATO INTENTA UNA VEZ MÁS SALVAR A JESÚS, MOSTRÁNDOLE A LA MULTITUD QUE HA SIDO BRUTALMENTE GOLPEADO.

PILATO ESTÁ CADA VEZ MÁS ASUSTADO DEL PROBLEMA QUE PODRÍAN PROVOCAR LOS LÍDERES JUDÍOS. FINALMENTE SE RINDE, PERO PREPARA UN LETRERO PARA COLOCAR SOBRE LA CRUZ.

JESÚS DE NAZARET, EL REY DE LOS JUDÍOS

¡NO! NO ESCRIBA QUE *ES* EL REY DE LOS JUDÍOS. ESCRIBA QUE ÉL *DIJO*: «YO SOY REY DE LOS JUDÍOS».

LO QUE HE ESCRITO ESCRITO ESTÁ.

PARA JESÚS, LAS HORAS TRANSCURRIDAS ENTRE SU ARRESTO Y LA SENTENCIA A MUERTE HAN ESTADO CARGADAS DE AGONÍA.

EN ALGÚN MOMENTO DE ESAS HORAS TENEBROSAS, JUDAS, EL TRAIDOR, SE SIENTE LLENO DE REMORDIMIENTO. VA DE PRISA A VER A LOS SACERDOTES...

¡HE PECADO! ¡HE TRAICIONADO A UN HOMBRE INOCENTE!

¿Y QUÉ NOS IMPORTA ESO?

¡AHÍ TIENEN SU DINERO! ¡NO QUIERO TENER NADA QUE VER CON ÉL!

PERO DEVOLVER EL DINERO NO RESCATA AL HOMBRE QUE HA TRAICIONADO...

VENCIDO POR LA CULPA, JUDAS SALE Y SE AHORCA.

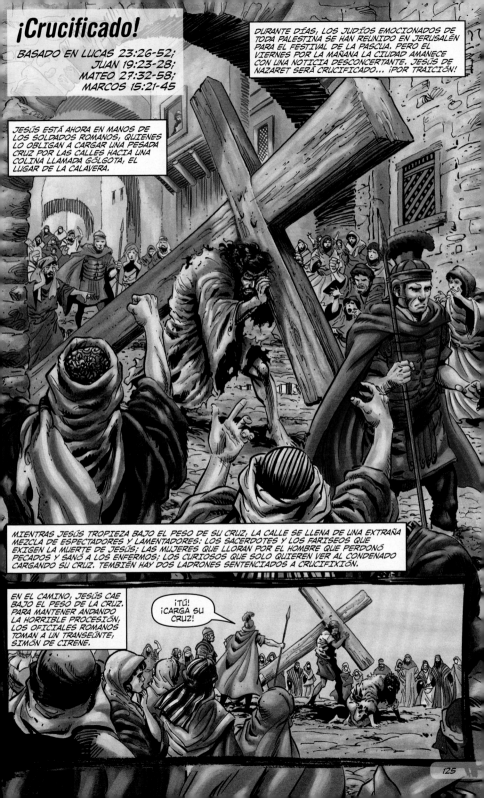

PARA LOS SOLDADOS ROMANOS, JESÚS ES TAN SOLO OTRO CRIMINAL. OBSERVAN QUE JESÚS TIENE UNA HERMOSA TÚNICA.

ESTA TÚNICA NO TIENE COSTURA. ¿CÓMO LA DIVIDIREMOS?

ES DEMASIADO BUENA PARA ROMPERLA. ECHEMOS SUERTES POR ELLA.

MIENTRAS LOS AMIGOS DE JESÚS SE QUEDAN MIRANDO CÓMO SUFRE, LA MULTITUD CURIOSA VA PASANDO. ALGUNOS QUE QUIEREN VERLO MUERTO SE BURLAN DE ÉL.

SI ERES EL REY DE LOS JUDÍOS, BAJA DE LA CRUZ, ENTONCES TE CREEREMOS.

UNO DE LOS LADRONES CRUCIFICADO CON JESÚS TAMBIÉN LO INSULTA...

SI ERES EL MESÍAS, ¡SÁLVATE A TI MISMO Y A NOSOTROS!

¡TEN MÁS RESPETO POR DIOS! NOSOTROS MERECEMOS MORIR POR NUESTROS DELITOS, PERO ESTE HOMBRE NO HIZO NADA MALO.

127

FUERA DE LA CIUDAD, HASTA EL OFICIAL ROMANO A CARGO DE LA EJECUCIÓN ESTÁ MARAVILLADO POR LO QUE HA OCURRIDO. CON REVERENCIA, MIRA AL HOMBRE QUE HA PERDONADO A SUS ENEMIGOS.

¡VERDADERAMENTE ESTE HOMBRE ERA EL HIJO DE DIOS!

UN SOLDADO ATRAVIESA A JESÚS CON UNA LANZA PARA ASEGURAR QUE ESTÁ MUERTO. LOS TESTIGOS ESTÁN LLENOS DE DOLOR. LENTAMENTE REGRESAN A JERUSALÉN.

AHORA HAN PERDIDO TODA ESPERANZA DE QUE JESÚS SEA EL SALVADOR PROMETIDO QUE LOS LIBERARÍA DE LOS ROMANOS.

EN JERUSALÉN, UN SECRETO SEGUIDOR DE JESÚS, JOSÉ DE ARIMATEA, VA A VER A PILATO...

¿PUEDO LLEVAR EL CUERPO DE JESÚS PARA QUE PODAMOS ENTERRARLO ANTES DEL DÍA DE DESCANSO?

SÍ, LE DARÉ LA ORDEN AL OFICIAL A CARGO.

La tumba sellada

BASADO EN MATEO 27:59–28:15; JUAN 19:38–20:18; LUCAS 24:13-32

CON REVERENCIA, JOSÉ RETIRA DE LA CRUZ EL CUERPO DE JESÚS. NICODEMO LE AYUDA A ENVOLVER EL CUERPO CON VENDAS DE LINO Y A COLOCARLO EN LA TUMBA EN EL HUERTO DE JOSÉ.

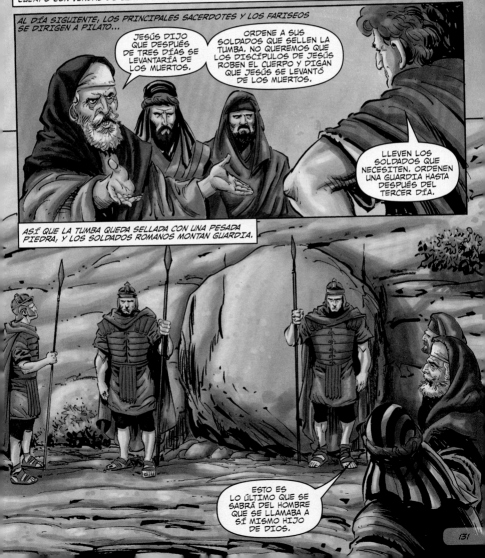

AL DÍA SIGUIENTE, LOS PRINCIPALES SACERDOTES Y LOS FARISEOS SE DIRIGEN A PILATO...

JESÚS DIJO QUE DESPUÉS DE TRES DÍAS SE LEVANTARÍA DE LOS MUERTOS.

ORDENE A SUS SOLDADOS QUE SELLEN LA TUMBA. NO QUEREMOS QUE LOS DISCÍPULOS DE JESÚS ROBEN EL CUERPO Y DIGAN QUE JESÚS SE LEVANTÓ DE LOS MUERTOS.

LLEVEN LOS SOLDADOS QUE NECESITEN, ORDENEN UNA GUARDIA HASTA DESPUÉS DEL TERCER DÍA.

ASÍ QUE LA TUMBA QUEDA SELLADA CON UNA PESADA PIEDRA, Y LOS SOLDADOS ROMANOS MONTAN GUARDIA.

ESTO ES LO ÚLTIMO QUE SE SABRÁ DEL HOMBRE QUE SE LLAMABA A SÍ MISMO HIJO DE DIOS.

ANTES DE QUE AMANEZCA EL DOMINGO POR LA MAÑANA, ¡LA TIERRA SE SACUDE VIOLENTAMENTE! UN ÁNGEL DEL SEÑOR HACE RODAR LA PIEDRA. LOS SOLDADOS CAEN LLENOS DE TERROR. CUANDO TERMINA EL TEMBLOR, HUYEN HACIA LA CIUDAD.

AL AMANECER DE ESA MAÑANA, MARÍA MAGDALENA Y OTRAS AMIGAS DE JESÚS VAN CON PRISA A LA TUMBA. AHORA QUE HA TERMINADO EL DÍA DE DESCANSO, QUIEREN PONER ESPECIAS EN EL CUERPO DE JESÚS PARA DARLE UN ENTIERRO APROPIADO. SE PREGUNTAN QUIÉN LAS AYUDARÁ A MOVER LA PIEDRA. PERO CUANDO LLEGAN AL HUERTO...

¡LA TUMBA! ¡ESTÁ ABIERTA!

CON TERNURA, JESÚS PRONUNCIA EL NOMBRE DE MARÍA. AHORA ELLA RECONOCE SU VOZ...

¡MAESTRO!

LOS AMIGOS DE JESÚS NO SON LOS ÚNICOS EN ENTERARSE DE LAS NOVEDADES. LOS GUARDIAS DE LA TUMBA VAN DIRECTAMENTE A LOS SACERDOTES PARA INFORMARLES DE LO OCURRIDO. ALARMADOS, LOS SACERDOTES NO QUIEREN QUE NADIE MÁS OIGA LA VERDAD, DE MODO QUE URDEN UN PERVERSO PLAN...

TOMEN ESTE DINERO. DÍGANLE A LA GENTE QUE LOS DISCÍPULOS DE JESÚS ROBARON EL CUERPO MIENTRAS USTEDES DORMÍAN.

MIENTRAS LOS SOLDADOS DIFUNDEN ESTA MENTIRA, JESÚS SE UNE A DOS DE SUS SEGUIDORES QUE VAN DE VIAJE. LES IMPIDE QUE LO RECONOZCAN Y LES EXPLICA LO QUE LA ESCRITURA DICE RESPECTO A SU MUERTE.

LOS PROFETAS DIJERON QUE EL MESÍAS TENDRÍA QUE SUFRIR ANTES DE SER EL SALVADOR DEL MUNDO.

JESÚS COME CON ELLOS EN EMAÚS. CUANDO BENDICE EL PAN Y SE LO DA A SUS SEGUIDORES, DE PRONTO LO RECONOCEN.

¡JESÚS!

Y REPENTINAMENTE JESÚS DESAPARECE DE SU VISTA.

El último mandamiento

BASADO EN LUCAS 24:33-53; JUAN 20:19-21:17; MATEO 28:16-20

POR TODA JERUSALÉN, EL DOMINGO POR LA NOCHE, LA GENTE ESTÁ ASOMBRADA ANTE EL EXTRAÑO INFORME DE LOS SOLDADOS ROMANOS.

DICEN QUE LOS DISCÍPULOS DE JESÚS ROBARON SU CUERPO PARA HACERNOS CREER QUE SE LEVANTÓ DE ENTRE LOS MUERTOS.

¿QUÉ HACÍAN ESOS SOLDADOS ROMANOS MIENTRAS LA TUMBA ERA ASALTADA?

LOS DISCÍPULOS DE JESÚS TAMBIÉN HAN ESCUCHADO EL INFORME DE LOS SOLDADOS. TIENEN MIEDO DE QUE LOS ARRESTEN; DE MODO QUE SE ENCIERRAN EN UNA HABITACIÓN. ESTÁN TODOS LOS DISCÍPULOS EXCEPTO TOMÁS. LOS DOS HOMBRES QUE HAN VISTO A JESÚS EN EL CAMINO VUELVEN Y LOS ENCUENTRAN ALLÍ.

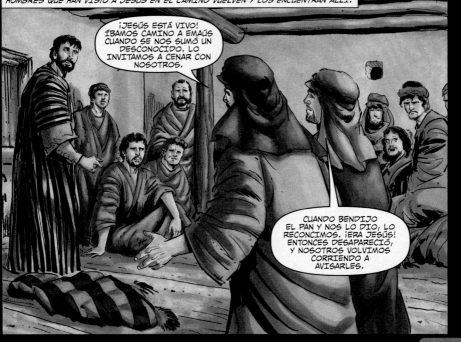

¡JESÚS ESTÁ VIVO! ÍBAMOS CAMINO A EMAÚS CUANDO SE NOS SUMÓ UN DESCONOCIDO. LO INVITAMOS A CENAR CON NOSOTROS.

CUANDO BENDIJO EL PAN Y NOS LO DIO, LO RECONCIMOS. ¡ERA JESÚS! ENTONCES DESAPARECIÓ, Y NOSOTROS VOLVIMOS CORRIENDO A AVISARLES.

¿USTEDES TAMBIÉN LO HAN VISTO? MARÍA MAGDALENA LO HA VISTO, Y PEDRO Y JUAN HAN ESTADO EN LA TUMBA.

DE PRONTO, JESÚS MISMO SE PRESENTA EN LA HABITACIÓN... ¡AUNQUE LAS PUERTAS ESTÁN CERRADAS! LOS DISCÍPULOS CREEN QUE ES UN FANTASMA.

LA PAZ SEA CON USTEDES. NO TENGAN MIEDO. ¡SOY YO! MIREN MIS MANOS Y MIS PIES.

SEÑOR, ¿DE VERDAD ERES TÚ?

DENME ALGO DE COMER. LO COMERÉ PARA DEMOSTRARLES QUE SOY UNA PERSONA REAL.

RÁPIDAMENTE, LOS DISCÍPULOS CORREN A BUSCAR A TOMÁS PARA CONTARLE LA MARAVILLOSA HISTORIA.

¡JESÚS HA RESUCITADO! ¡LO HEMOS VISTO!

NO LO CREERÉ HASTA QUE VEA LAS MARCAS DE LOS CLAVOS EN SUS MANOS.

JUAN MIRA AL HOMBRE
EN LA ORILLA...

¡ES EL
SEÑOR!

PEDRO ESTÁ TAN ANSIOSO POR ENCONTRARSE CON
JESÚS QUE SALTA AL AGUA Y NADA HACIA LA ORILLA.
LOS OTROS SE ACERCAN EN EL BARCO. PEDRO
AYUDA A ARRASTRAR LA RED HASTA LA ORILLA.
JESÚS LOS ESTÁ ESPERANDO CON ALGO DE PAN, Y
HAY PESCADOS COCINÁNDOSE SOBRE LAS BRASAS.

¡VENGAN A
DESAYUNAR!

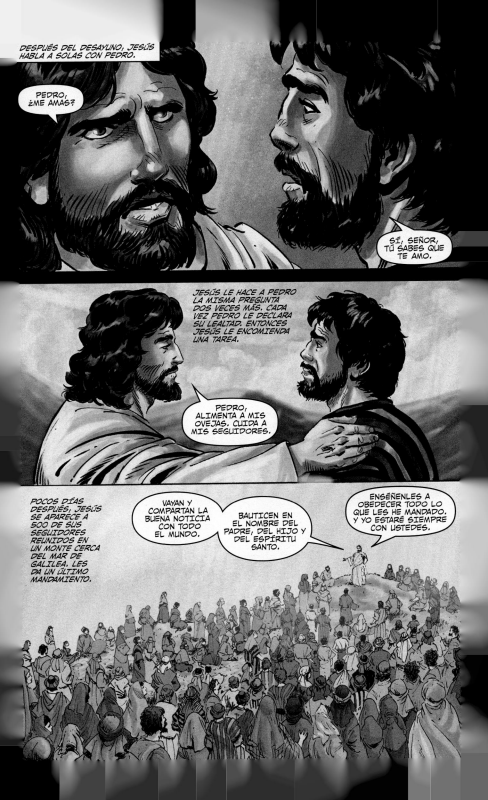

JESÚS EXPLICA CÓMO HA COMPLETADO LA OBRA DE DIOS. ÉL ES EL SALVADOR DEL MUNDO. AHORA SON ELLOS QUIENES DEBEN CONTINUAR LA OBRA DE DIOS. JESÚS LES DICE QUE ESPEREN EN JERUSALÉN HASTA QUE VENGA EL ESPÍRITU SANTO.

ENTONCES, MIENTRAS SUS DISCÍPULOS LO RODEAN EN EL MONTE DE LOS OLIVOS, CERCA DE BETANIA, JESÚS ASCIENDE AL CIELO.

Esperando al Espíritu

BASADO EN HECHOS 1

MARAVILLADOS Y PERPLEJOS, LOS DISCÍPULOS DE JESÚS
QUEDAN MIRANDO HACIA EL CIELO COMO SI QUISIERAN
CAPTAR UN VISTAZO MÁS DEL MAESTRO AL QUE AMAN.
DE PRONTO APARECEN DOS ÁNGELES...

¿QUÉ HACEN AQUÍ MIRANDO AL CIELO?

JESÚS FUE LLEVADO AL CIELO, PERO VOLVERÁ DE LA MISMA MANERA QUE LO HAN VISTO IRSE.

LOS DISCÍPULOS
PIDEN LA GUÍA
DE DIOS PARA LA
DECISIÓN QUE VAN
A TOMAR, Y RESULTA
ELEGIDO MATÍAS.

DURANTE LOS DIEZ DÍAS SIGUIENTES, LOS
DISCÍPULOS SE ENCUENTRAN PARA ORAR. ESTÁN
ESPERANDO LA VENIDA DEL ESPÍRITU SANTO QUE
JESÚS HABÍA PROMETIDO. AL MISMO TIEMPO, LLEGAN
JUDÍOS DE TODA PALESTINA Y HASTA DE PAÍSES
LEJANOS. UNA VEZ MÁS, LAS CALLES DE JERUSALÉN SE
LLENAN. VIENEN A CELEBRAR EL FESTIVAL DE ACCIÓN
DE GRACIAS LLAMADO PENTECOSTÉS.

ESTOS PEREGRINOS TIENEN MUCHAS PREGUNTAS
A CAUSA DE LOS ACONTECIMIENTOS RECIENTES.
«¿RESUCITÓ JESÚS DE LOS MUERTOS? O, ¿ES
VERDAD QUE SUS DISCÍPULOS ROBARON EL
CUERPO DE LA TUMBA Y DICEN QUE ESTÁ VIVO?».
ESTOS INTERROGANTES FLOTAN EN EL AIRE
MIENTRAS LOS JUDÍOS INUNDAN JERUSALÉN PARA
EL FESTIVAL DE PENTECOSTÉS. LOS DISCÍPULOS
DE JESÚS CONOCEN LA VERDAD, PERO SON
APENAS UNOS POCOS.

¡Lenguas de fuego!

BASADO EN HECHOS 2

EL DÍA DE PENTECOSTÉS, TEMPRANO, 120 SEGUIDORES DE JESÚS SE REÚNEN PARA ORAR. DE PRONTO SE OYE UN SONIDO COMO EL DE UN VIENTO PODEROSO QUE RUGE A TRAVÉS DE LA HABITACIÓN Y LLENA TODA LA CASA. ENTONCES SE ASIENTAN SOBRE ELLOS LENGUAS DE FUEGO.

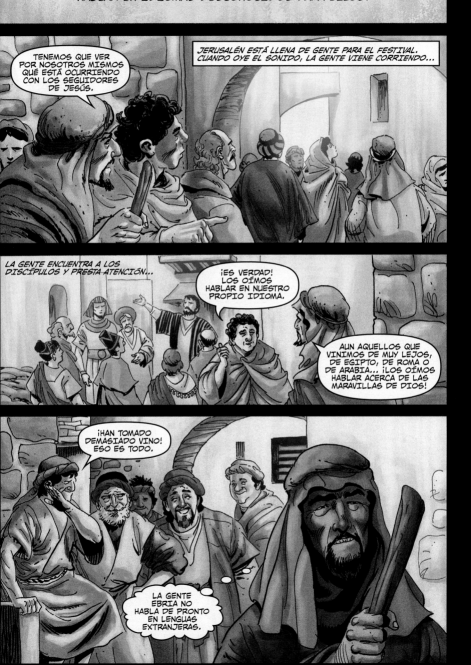

EN ESE SAGRADO MOMENTO, LOS DISCÍPULOS DE JESÚS QUEDAN LLENOS DEL ESPÍRITU SANTO. COMIENZAN A HABLAR EN IDIOMAS DESCONOCIDOS PARA ELLOS.

TENEMOS QUE VER POR NOSOTROS MISMOS QUÉ ESTÁ OCURRIENDO CON LOS SEGUIDORES DE JESÚS.

JERUSALÉN ESTÁ LLENA DE GENTE PARA EL FESTIVAL. CUANDO OYE EL SONIDO, LA GENTE VIENE CORRIENDO...

LA GENTE ENCUENTRA A LOS DISCÍPULOS Y PRESTA ATENCIÓN...

¡ES VERDAD! LOS OÍMOS HABLAR EN NUESTRO PROPIO IDIOMA.

AUN AQUELLOS QUE VINIMOS DE MUY LEJOS, DE EGIPTO, DE ROMA O DE ARABIA... ¡LOS OÍMOS HABLAR ACERCA DE LAS MARAVILLAS DE DIOS!

¡HAN TOMADO DEMASIADO VINO! ESO ES TODO.

LA GENTE EBRIA NO HABLA DE PRONTO EN LENGUAS EXTRANJERAS.

PEDRO HABLA EN NOMBRE DE TODOS LOS DISCÍPULOS.

¡NO ESTAMOS EBRIOS! ESTAMOS LLENOS DEL ESPÍRITU SANTO. COMO ANUNCIÓ EL PROFETA JOEL, USTEDES CRUCIFICARON A JESÚS, EL ELEGIDO DE DIOS. PERO DIOS LO RESUCITÓ DE LOS MUERTOS, Y NOSOTROS SOMOS TESTIGOS DE SU RESURRECCIÓN.

LAS PALABRAS DE PEDRO LLEGAN A LO PROFUNDO DEL CORAZÓN DE LA GENTE. RECUERDAN CÓMO HABÍAN EXIGIDO LA CRUCIFIXIÓN DE JESÚS APENAS UNAS SEMANAS ANTES.

¡ARREPIÉNTANSE DE SUS PECADOS! BAUTÍCENSE EN EL NOMBRE DE JESÚS. ENTONCES USTEDES TAMBIÉN RECIBIRÁN EL ESPÍRITU SANTO DE DIOS.

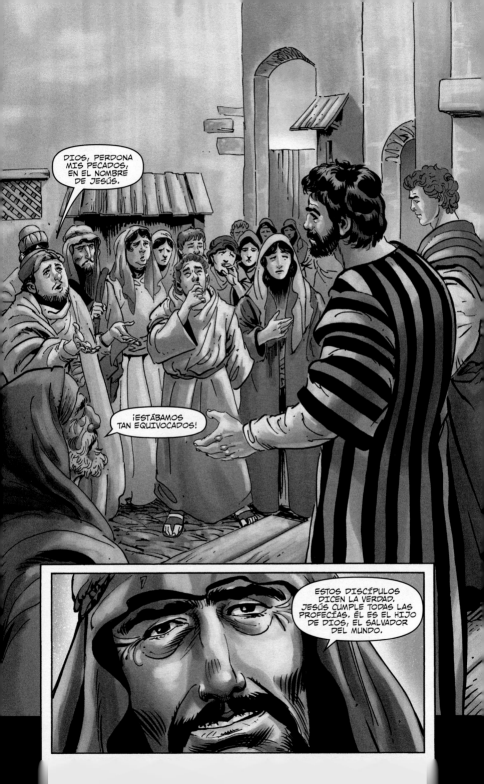

Dar la cara por Jesús
BASADO EN HECHOS 3-4

UNA TARDE, CUANDO PEDRO Y JUAN VAN AL TEMPLO A ORAR, SE ENCUENTRAN CON UN HOMBRE LISIADO QUE MENDIGA EN LA PUERTA LLAMADA LA HERMOSA.

¡MISERICORDIA! DEN ALGO A ESTE POBRE.

¡MÍRANOS!

PARECE QUE *AMBOS* ME DARÁN DINERO.

NO TENGO DINERO, PERO TE DARÉ LO QUE TENGO. EN EL NOMBRE DE JESUCRISTO, LEVÁNTATE Y CAMINA.

¿CAMINAR? ¡ESTE HOMBRE NUNCA HA DADO UN PASO EN TODA SU VIDA! PERO CUANDO PEDRO LE EXTIENDE LA MANO, EL HOMBRE LA TOMA...

¡PUEDO CAMINAR!
¡ALABADO SEA DIOS,
PUEDO CAMINAR!

EN SU ENTUSIASMO, EL HOMBRE ENTRA CORRIENDO
AL TEMPLO, SALTANDO Y GRITANDO DE ALEGRÍA.

¡MIREN!
¿NO ES ESE
EL HOMBRE QUE
MENDIGABA EN
LA PUERTA?

SÍ,
PERO...

AGRADECIDO, EL HOMBRE SE VUELVE A PEDRO Y A JUAN. LA
MULTITUD SE REÚNE, ANSIOSA DE SABER LO QUE HA OCURRIDO.

¿POR QUÉ
NOS MIRAN COMO
SI *NOSOTROS*
HUBIÉRAMOS HECHO
CAMINAR A ESTE HOMBRE?
EL MILAGRO LO HIZO
DIOS POR MEDIO
DEL PODER DE SU
HIJO, JESÚS. USTEDES
LO MATARON, PERO
DIOS LO LEVANTÓ DE
LOS MUERTOS.

AL VER QUE HA CAPTADO EL INTERÉS DE LA MULTITUD, PEDRO CONTINÚA...

ARREPIÉNTANSE Y VUÉLVANSE A DIOS PARA QUE SUS PECADOS PUEDAN SER BORRADOS. PREPÁRENSE, PORQUE JESÚS VUELVE.

LOS SACERDOTES PRESENTES EN LA MULTITUD SE ENOJAN AL ESCUCHAR EL TESTIMONIO DE PEDRO. SU IRA VA EN AUMENTO AL VER CÓMO CRECE EL INTERÉS DE LA GENTE. LOS SACERDOTES CONSIGUEN LA AYUDA DE LOS GUARDIAS DEL TEMPLO...

¡QUEDAN ARRESTADOS!

SIN MÁS PALABRAS, ESCOLTAN A PEDRO Y A JUAN HASTA LA PRISIÓN, DONDE PASAN LA NOCHE. PERO YA SON 5000 LAS PERSONAS QUE SIGUEN A JESÚS.

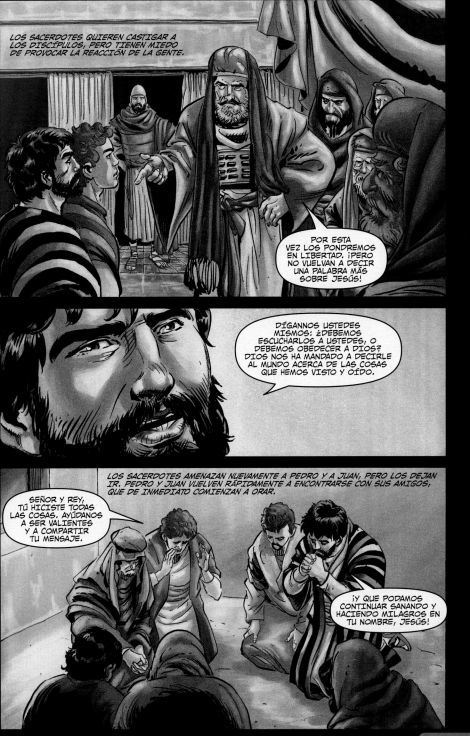

LOS SACERDOTES QUIEREN CASTIGAR A LOS DISCÍPULOS, PERO TIENEN MIEDO DE PROVOCAR LA REACCIÓN DE LA GENTE.

POR ESTA VEZ LOS PONDREMOS EN LIBERTAD. ¡PERO NO VUELVAN A DECIR UNA PALABRA MÁS SOBRE JESÚS!

DÍGANNOS USTEDES MISMOS: ¿DEBEMOS ESCUCHARLOS A USTEDES, O DEBEMOS OBEDECER A DIOS? DIOS NOS HA MANDADO A DECIRLE AL MUNDO ACERCA DE LAS COSAS QUE HEMOS VISTO Y OÍDO.

LOS SACERDOTES AMENAZAN NUEVAMENTE A PEDRO Y A JUAN, PERO LOS DEJAN IR. PEDRO Y JUAN VUELVEN RÁPIDAMENTE A ENCONTRARSE CON SUS AMIGOS, QUE DE INMEDIATO COMIENZAN A ORAR.

SEÑOR Y REY, TÚ HICISTE TODAS LAS COSAS. AYÚDANOS A SER VALIENTES Y A COMPARTIR TU MENSAJE.

¡Y QUE PODAMOS CONTINUAR SANANDO Y HACIENDO MILAGROS EN TU NOMBRE, JESÚS!

Una mentira mortal   BASADO EN HECHOS 4:32–5:11

FORTALECIDOS POR EL ESPÍRITU SANTO, LOS DISCÍPULOS SIGUEN PREDICANDO. MÁS Y MÁS PERSONAS CREEN EN JESÚS. UN DÍA, UN HOMBRE LLAMADO BERNABÉ TRAE A LOS DISCÍPULOS UNA BOLSA GRANDE CON DINERO.

¿POR QUÉ NOS DAS TODO ESTE DINERO?

VENDÍ UN CAMPO. QUIERO QUE USEN ESTE DINERO PARA AYUDAR A LOS SEGUIDORES DE JESÚS.

OTRO HOMBRE, ANANÍAS, QUIERE PARECER GENEROSO TAMBIÉN; PERO AL MISMO TIEMPO QUIERE QUEDARSE CON LA MAYOR PARTE DE SU DINERO. ENTONCES MIENTE...

...PERO EL ESPÍRITU SANTO LE HABLA A PEDRO.

NOSTROS TAMBIÉN VENDIMOS NUESTRO TERRENO, Y ESTAMOS DANDO TODO EL DINERO PARA AYUDAR A LA IGLESIA.

ANANÍAS, PODRÍAS HABER HECHO LO QUE QUISIERAS CON TU DINERO, PERO NO SIMULES QUE ESTÁS DÁNDOLO TODO CUANDO NO LO ESTÁS. NO SOLO ME HAS MENTIDO A MÍ; ¡LE HAS MENTIDO A DIOS!

ANTE LAS PALABRAS DE PEDRO, ANANÍAS CAE MUERTO. ALGUNOS JÓVENES ENVUELVEN SU CUERPO Y SE LO LLEVAN. POCAS HORAS DESPUÉS LLEGA SAFIRA, LA ESPOSA DE ANANÍAS. ELLA NO SABE LO QUE HA OCURRIDO. RESPONDE A LAS PREGUNTAS DE PEDRO CON LA MISMA MENTIRA QUE DIJO SU ESPOSO.

SAFIRA, ¿CÓMO TE ATREVISTE A TRATAR DE ENGAÑAR AL ESPÍRITU SANTO? ¡ESCUCHA! AQUÍ VIENEN LOS HOMBRES QUE YA ENTERRARON A TU ESPOSO; TÚ TAMBIÉN NECESITARÁS SUS SERVICIOS.

AL INSTANTE SAFIRA CAE MUERTA. LOS DISCÍPULOS DE JESÚS VEN ESTO COMO UNA ADVERTENCIA PARA CUALQUIERA QUE INTENTE ENGAÑAR A DIOS O A LA IGLESIA.

Fuga de la cárcel

BASADO EN HECHOS 5:12-6:11

LAS AMENAZAS DE LOS LÍDERES JUDÍOS NO DETIENEN A LOS DISCÍPULOS DE HACER LA OBRA DE DIOS. SIGUEN SANANDO EN EL NOMBRE DE JESÚS. LAS FAMILIAS SACAN A SUS ENFERMOS A SUS PUERTAS, ANHELANDO QUE AL PASAR PEDRO LOS SANE. TAMBIÉN SE JUNTAN MULTITUDES DESDE LAS ALDEAS QUE RODEAN A JERUSALÉN.

NO PUEDE CAMINAR. POR FAVOR HAZLO FUERTE PARA QUE PUEDA CORRER Y JUGAR CON LOS OTROS NIÑOS.

YO NO PUEDO SANARLO, PERO JESÚS, EL HIJO DE DIOS, SÍ PUEDE. EN EL NOMBRE DE JESÚS DECLARO QUE TU HIJO ESTÁ SANO.

TODOS LOS QUE SE ACERCAN QUEDAN SANOS. EL SUMO SACERDOTE Y LOS QUE ESTÁN CON ÉL SIENTEN TANTOS CELOS QUE NO LO PUEDEN SOPORTAR. ODIAN VER QUE LA GENTE VIENE EN BUSCA DE SANIDAD. EN UN ACCESO DE FURIA, ARRESTAN A LOS DISCÍPULOS Y LOS METEN EN LA CÁRCEL.

ESTA VEZ NO LOS LIBERAREMOS. ¡PONDREMOS FIN A ESTAS TONTERÍAS!

DURANTE LA NOCHE, UN ÁNGEL DEL SEÑOR APARECE A PEDRO Y JUAN EN LA CÁRCEL.

VAYAN, Y PÁRENSE EN EL PATIO DEL TEMPLO. DÍGANLE A LA GENTE ACERCA DE LA NUEVA VIDA QUE DIOS HA PROMETIDO A TODO EL QUE CREE EN JESÚS.

A LA MAÑANA SIGUIENTE, EL SUMO SACERDOTE CONVOCA AL CONCILIO SUPREMO Y ORDENA QUE TRAIGAN A LOS PRESOS. CUANDO LOS GUARDIAS REGRESAN...

LA CÁRCEL ESTÁ CERRADA Y LOS GUARDIAS ESTÁN EN SUS PUESTOS, ¡PERO LOS PRISIONEROS SE HAN IDO!

¡CUANDO ABRIMOS LAS PUERTAS, NO HABÍA NADIE ADENTRO!

¿NO ESTABAN AHÍ? ¿DÓNDE ESTÁN?

¡LOS HOMBRES QUE PUSIERON ANOCHE EN LA CÁRCEL AHORA ESTÁN EN EL TEMPLO ENSEÑANDO SOBRE JESÚS!

EL SUMO SACERDOTE ORDENA QUE LOS DISCÍPULOS SEAN TRAÍDOS DE INMEDIATO AL CONCILIO...

¿NO LES ADVERTIMOS QUE *NO* PREDICARAN SOBRE JESÚS?

DEBEMOS OBEDECER A DIOS, NO A LOS HOMBRES.

ESA RESPUESTA ENFURECE A LOS SACERDOTES, Y QUIEREN MATAR A TODOS LOS DISCÍPULOS DE UNA VEZ. PERO UN MAESTRO FAMOSO LLAMADO GAMALIEL HACE SALIR DE LA HABITACIÓN A LOS DISCÍPULOS...

TENGAN CUIDADO CON LO QUE HACEN A ESTOS HOMBRES. SI LO QUE ENSEÑAN ES INVENTO DE ELLOS, PRONTO SE DISIPARÁ. PERO SI ES DE DIOS, NO PODRÁN DERROTARLOS. ¡NO QUERRÁN TERMINAR LUCHANDO CONTRA DIOS!

EL CONCILIO SE VE FORZADO A ADMITIR QUE ESTE ES UN CONSEJO SABIO. TODAVÍA FURIOSOS, LOS LÍDERES ORDENAN AZOTAR A LOS DISCÍPULOS. ENTONCES LOS LIBERAN CON LA AMENAZA DE CASTIGARLOS MÁS DURAMENTE SI CONTINÚAN PREDICANDO SOBRE JESÚS.

NOS SENTIMOS HONRADOS DE SUFRIR POR EL NOMBRE DE JESÚS.

NO PODEMOS DETENERNOS AHORA. TENEMOS QUE SEGUIR ANUNCIANDO LA BUENA NOTICIA.

LOS DISCÍPULOS SIGUEN HACIENDO LA OBRA QUE DIOS LES PIDE QUE HAGAN, Y EL NÚMERO DE LOS CREYENTES SIGUE CRECIENDO. ES TANTA LA GENTE QUE QUIERE SEGUIR A JESÚS QUE LOS DISCÍPULOS DECIDEN ELEGIR A ALGUNAS PERSONAS PARA AYUDAR EN LA CONDUCCIÓN DEL TRABAJO. ELIGEN A SIETE DIÁCONOS QUE AYUDARÁN A ATENDER A LA GENTE.

UNO DE ELLOS, ESTEBAN, PRONTO DEMUESTRA QUE ES UN NOTABLE ORADOR.

ALGUNOS LÍDERES JUDÍOS COMIENZAN A DEBATIR CON ÉL. SE QUEDAN AVERGONZADOS AL DESCUBRIR QUE NO LOGRAN ESTAR A LA ALTURA DE LA SABIDURÍA Y LA CAPACIDAD QUE TIENE ESTEBAN PARA DEFENDER SU FE. EN SECRETO TRAMAN LA VENGANZA...

DEBEMOS SER CUIDADOSOS PARA QUE LA GENTE NO SE VUELVA EN CONTRA DE NOSOTROS.

ES VERDAD, PERO ¡QUIZÁS PODAMOS ALBOROTAR A LA GENTE EN CONTRA DE ESTEBAN, COMO LO HICIMOS CON JESÚS!

LA CORTE SE LEVANTA ENFURECIDA, PERO ESTEBAN CONTINÚA, LLENO DEL ESPÍRITU SANTO.

¡PUEDO VER EL CIELO! ¡MIREN! EL HIJO DEL HOMBRE ESTÁ DE PIE A LA DERECHA DE DIOS.

LA CORTE NO SOPORTA LAS PALABRAS DE ESTEBAN. COMO UNA MANADA DE BESTIAS SALVAJES, AGARRAN A ESTEBAN Y LO ARRASTRAN FUERA DE LA CIUDAD, DONDE LO APEDREAN. MIENTRAS LAS PIEDRAS GOLPEAN SU CUERPO, ESTEBAN CONTINÚA ORANDO...

UN JOVEN LLAMADO SAULO* OBSERVA LA EJECUCIÓN (Y CUIDA LAS TÚNICAS). SE SIENTE COMPLACIDO POR LA MUERTE DE UN SEGUIDOR DE JESÚS.

¡SEÑOR, NO LES TOMES EN CUENTA ESTE PECADO!

FINALMENTE ESTEBAN TOMA SU ÚLTIMO ALIENTO Y MUERE DICIENDO: «JESÚS, RECIBE MI ESPÍRITU».

* SU HISTORIA COMIENZA EN LA PÁGINA 176.

Un extranjero en el camino a Gaza

BASADO EN HECHOS 8:1-4, 26-40

DESPUÉS DE LA MUERTE DE ESTEBAN, SE PRODUCEN MUCHOS ATAQUES CONTRA LOS CREYENTES EN JERUSALÉN. DURANTE LAS PRÓXIMAS SEMANAS, MILES DE SEGUIDORES DE JESÚS HUYEN DE LA CIUDAD; Y AL DESPLAZARSE POR JUDEA Y POR SAMARIA, LLEVAN CONSIGO LA BUENA NOTICIA DE DIOS. SIN PROPONÉRSELO LOS LÍDERES JUDÍOS HAN AYUDADO A DISPERSAR EL EVANGELIO. FELIPE, UNO DE LOS DIÁCONOS, SE DIRIGE A SAMARIA, EN EL NORTE.

UNA NOCHE UN ÁNGEL LE DICE: «VE AL SUR HACIA GAZA». FELIPE OBEDECE DE INMEDIATO...

DIOS ME HA ENVIADO A TANTA DISTANCIA PARA ENCONTRARME CON LA PERSONA QUE ESTÁ EN ESE CARRUAJE. ¿QUIÉN SERÁ?

EN ESE MOMENTO, EL ESPÍRITU DE DIOS LE DICE A FELIPE QUE SE MANTENGA CERCA DEL CARRUAJE, Y ÉL LO HACE. ESCUCHA A UN HOMBRE LEYENDO LAS ESCRITURAS.

«COMO OVEJA FUE LLEVADO AL MATADERO».

¿ENTIENDES LO QUE DICE EL PROFETA ISAÍAS?

EL HOMBRE ES UN IMPORTANTE FUNCIONARIO DE ETIOPÍA, TESORERO DE LA REINA.

¿CÓMO PODRÍA ENTENDERLO A MENOS QUE ALGUIEN ME LO EXPLIQUE? ¿ESTÁ EL PROFETA HABLANDO DE SÍ MISMO O DE OTRO?

ESTÁ HABLANDO ACERCA DE JESUCRISTO, EL HIJO DE DIOS. SUS ENEMIGOS LO CRUCIFICARON, PERO DIOS LO LEVANTÓ DE LOS MUERTOS.

MIENTRAS SIGUEN VIAJANDO, FELIPE LE EXPLICA QUE DIOS AMÓ TANTO AL MUNDO QUE ENVIÓ A SU HIJO, JESÚS, A MORIR POR NUESTROS PECADOS. TODO EL QUE CONFÍE EN JESÚS VIVIRÁ PARA SIEMPRE CON DIOS.

YO CREO EN JESÚS, Y ESTOY ARREPENTIDO DE TODO LO QUE HICE MAL. ¿POR QUÉ NO ME BAUTIZAS AQUÍ PARA CONVERTIRME EN UN SEGUIDOR DE JESÚS?

ESTOY SEGURO DE QUE ESO ES LO QUE DIOS ME ENVIÓ A HACER.

ENTONCES FELIPE BAUTIZA AL ETÍOPE, Y INMEDIATAMENTE DESPUÉS, EL ESPÍRITU DEL SEÑOR ARREBATA A FELIPE. AHORA ESTÁ EN EL NORTE, DONDE PREDICA EN LAS CIUDADES QUE ESTÁN A LO LARGO DE LA COSTA DEL MAR MEDITERRÁNEO. FINALMENTE SE ESTABLECE EN CESAREA, LA CAPITAL ROMANA DE PALESTINA.

POR ESA MISMA ÉPOCA, SAULO, EL JOVEN QUE SE HABÍA MOSTRADO COMPLACIDO CON LA EJECUCIÓN DE ESTEBAN, VIVE UN MILAGRO QUE LO CAMBIA PARA SIEMPRE. JESÚS SE LE APARECE, Y SAULO SE CONVIERTE EN UN DISCÍPULO. EN VEZ DE PERSEGUIR A LOS SEGUIDORES DE JESÚS, SE SUMA A ELLOS. AHORA LOS DISCÍPULOS PUEDEN VIAJAR POR TODA PALESTINA ENSEÑANDO Y SANANDO EN EL NOMBRE DE JESÚS SIN TEMOR A QUE SAULO INTENTE ARRESTARLOS. RECIBE EL NUEVO NOMBRE DE PABLO, Y LLEGA A SER UN GRAN MISIONERO.

Mar de Galilea

CAESAREA

JOPPA

LIDA

JERUSALÉN

GAZA

PALESTINA

El Mar Muerto

AL INSTANTE TABITA ABRE LOS OJOS Y SE SIENTA.
LUEGO PEDRO LA LLEVA CON SUS AMIGAS.

DEN GRACIAS
A DIOS.
¡SU AMIGA
ESTÁ VIVA!

LA BUENA NOTICIA SOBRE TABITA SE
DIFUNDE POR TODA LA CIUDAD DE JOPE,
Y MUCHA GENTE CREE EN JESÚS. PEDRO
SE QUEDA A PREDICAR EN JOPE.

¡TABITA
ESTÁ VIVA!
¡PEDRO LA SANÓ
EN EL NOMBRE
DE JESÚS!

UN DÍA, SUCEDE ALGO EXTRAÑO EN LA CASA
DE CORNELIO, UN OFICIAL DEL EJÉRCITO
ROMANO. VIVE EN LA CIUDAD COSTERA DE
CESAREA, A POCO MENOS DE 50 KILÓMETROS
AL NORTE DE JOPE. SON LAS TRES DE LA
TARDE. CORNELIO, QUIEN HA APRENDIDO A
ADORAR A DIOS, SE ARRODILLA PARA ORAR...

Un nuevo menú
BASADO EN HECHOS 10:1-11:18

CUANDO CORNELIO, UN OFICIAL DEL EJÉRCITO ROMANO, SE ARRODILLA A ORAR, TIENE UNA VISIÓN: UN ÁNGEL DE DIOS APARECE Y LO LLAMA POR SU NOMBRE.

¿QUÉ OCURRE?

DIOS HA ESCUCHADO TUS ORACIONES Y VALORA LAS OFRENDAS QUE HACES PARA LA GENTE POBRE. AHORA, ENVÍA A ALGUNOS HOMBRES A JOPE A BUSCAR A UN HOMBRE QUE SE LLAMA PEDRO. ESTÁ HOSPEDADO CON SIMÓN EL CURTIDOR, EN UNA CASA JUNTO AL MAR.

EL ÁNGEL SE VA Y CORNELIO ENVÍA A JOPE A TRES DE SUS HOMBRES MÁS CONFIABLES. MIENTRAS SE ACERCAN A LA CIUDAD, EL HOMBRE AL QUE ESTÁN BUSCANDO SUBE A LA AZOTEA A ORAR...

CUANDO PEDRO REGRESA A JERUSALÉN, LOS LÍDERES JUDÍOS CONSIDERAN QUE TIENE QUE DAR EXPLICACIONES.

¿ES VERDAD QUE ESTÁS CONTRARIANDO LAS LEYES JUDÍAS Y MOSTRÁNDOTE AMISTOSO CON LOS GENTILES? HEMOS OÍDO QUE HASTA VISITASTE SU CASA Y COMISTE CON ELLOS.

DIOS LE DIJO A UN OFICIAL ROMANO QUE ENVIARA A BUSCARME, Y A MÍ ME DIJO QUE FUERA.

MIENTRAS HABLABA CON LOS GENTILES ACERCA DE JESÚS, EL ESPÍRITU SANTO VINO SOBRE ELLOS... ¡DE LA MISMA MANERA QUE VINO SOBRE NOSOTROS EL DÍA DE PENTECOSTÉS!

SI DIOS LES DA A ELLOS LOS MISMOS DONES QUE NOS DIO A NOSOTROS, ¿QUIÉN SOY YO PARA IMPEDIRLO?

LOS LÍDERES DE LA IGLESIA CONCUERDAN CON PEDRO Y ALABAN A DIOS POR DARLES LA VIDA ETERNA A LOS GENTILES. LA IGLESIA SIGUE CRECIENDO...

Muerte al tirano
BASADO EN HECHOS 12

UN NUEVO HERODES SUBE AL PODER. HERODES AGRIPA QUIERE AGRADAR A LOS LÍDERES JUDÍOS, DE MODO QUE EMPIEZA A PERSEGUIR A LOS SEGUIDORES DE JESÚS.

ARRESTEN AL DISCÍPULO QUE SE LLAMA SANTIAGO. ¡ACÚSENLO DE PROVOCAR DISTURBIOS Y EJECÚTENLO DE INMEDIATO!

ASÍ, SANTIAGO, UNO DE LOS CUATRO PESCADORES QUE HABÍA DEJADO SUS REDES PARA SEGUIR A JESÚS, ES CONDENADO A MUERTE PARA SATISFACER LAS ANSIAS DE PODER DE UN REY MALVADO.

CUANDO HERODES VE QUE LA MUERTE DE SANTIAGO COMPLACE A LOS LÍDERES JUDÍOS, HACE ARRESTAR TAMBIÉN A PEDRO. SU PLAN ES EJECUTARLO UNA VEZ QUE TERMINE LA FIESTA DE PASCUA.

ENCADENEN CADA UNO DE SUS BRAZOS A UN GUARDIA. MANTENGAN UNA GUARDIA DE CUATRO SOLDADOS A TODA HORA. ¡EL PRISIONERO NO DEBE ESCAPAR!

LA NOCHE ANTERIOR A QUE HERODES CUMPLIERA SU PLAN DE LLEVAR A PEDRO A JUICIO, UN ÁNGEL ENTRA A LA CELDA DE LA PRISIÓN...

¡RÁPIDO, LEVÁNTATE! PONTE LA ROPA Y LAS SANDALIAS. SÍGUEME.

PEDRO OBEDECE, Y LAS CADENAS CAEN DE SUS MUÑECAS. EL ÁNGEL GUÍA A PEDRO HASTA SALIR DE LA PRISIÓN.

EL ÁNGEL HACE PASAR A PEDRO JUNTO A DOS GRUPOS DE GUARDIAS ¡QUE NO LOS VEN! AL ACERCARSE A LA PUERTA DE HIERRO EN LOS MUROS DE LA PRISIÓN, ¡SE ABRE! SALEN A LAS CALLES DE LA CIUDAD... ¡Y DE PRONTO EL ÁNGEL DESAPARECE!

AUNQUE APENAS PUEDE CREER LO QUE HA SUCEDIDO, PEDRO SE APURA HASTA LA CASA DE MARÍA, LA MADRE DE SU JOVEN AMIGO MARCOS, DONDE SUS AMIGOS ESTÁN ORANDO POR ÉL. RODE, UNA CRIADA, RESPONDE A LA PUERTA.

¡SOY YO!

PERO EN LUGAR DE HACER PASAR A PEDRO, RODE CORRE AL INTERIOR DE LA CASA...

¡ES PEDRO!

¿PEDRO? RODE, ESTÁS TAN ALTERADA QUE ESTÁS IMAGINANDO COSAS.

LA JOVEN INSISTE. FINALMENTE ALGUIEN ABRE LA PUERTA.

SI SABÍAS QUE ERA PEDRO, ¿POR QUÉ NO LO DEJASTE PASAR?

¡ESTABA TAN ENTUSIASMADA POR AVISARLES QUE OLVIDÉ ABRIR LA PUERTA!

ABREN LA PUERTA
CON CAUTELA...

¡PEDRO!
¡ERES TÚ!

¿TE LIBERÓ
HERODES?

NO, DIOS
LO HIZO. UN
ÁNGEL ME DESPERTÓ
Y ME DIJO QUE LO
SIGUIERA. LO HICE,
Y LAS PUERTAS
DE LA PRISIÓN
SE ABRIERON.

UNA VEZ EN LA CALLE,
EL ÁNGEL DESAPARECIÓ.
DÍGANLE A LOS DEMÁS QUE
ESTOY LIBRE. AHORA DEBO
IRME DE JERUSALÉN, ANTES
DE QUE HERODES SE ENTERE
DE LO OCURRIDO.

A LA MAÑANA SIGUIENTE, HERODES
DESCUBRE QUE NO ESTÁ EL PRISIONERO.

USTEDES DICEN
QUE ESTABA ENCADENADO
A DOS GUARDIAS Y QUE HABÍA
OTROS CUSTODIANDO LA PUERTA,
¿Y ESPERAN QUE YO LES CREA
QUE SIMPLEMENTE DESAPARECIÓ?
¡REGISTREN LA CIUDAD! ENCUENTREN
A PEDRO, O ESOS GUARDIAS
PAGARÁN CON SU VIDA.

PERO LA BÚSQUEDA FRACASA.
PEDRO ESTÁ A SALVO.

UNOS DÍAS MÁS TARDE, HERODES SE PRESENTA EN UNA CELEBRACIÓN PÚBLICA EN CESAREA. VISTE TÚNICAS REALES RELUCIENTES Y DA UN DISCURSO. PARA ADULARLO LA GENTE GRITA:

ES LA VOZ DE UN DIOS, NO DE UN HOMBRE.

HERODES ACEPTA LAS ALABANZAS DE LA GENTE, AUNQUE DEBERÍAN ESTAR RESERVADAS PARA DIOS. DE INMEDIATO, DIOS LO HIERE. HERODES QUEDA POSTRADO POR LA ENFERMEDAD DURANTE UNOS DÍAS, Y LOS GUSANOS LO VAN CARCOMIENDO. MUERE EN EL CURSO DE LA SEMANA.

CON LA MUERTE DE HERODES, SE FRENA POR UN TIEMPO LA PERSECUCIÓN DE LA IGLESIA. LA BUENA NOTICIA DE JESUCRISTO SE DIFUNDE POR TODA LA TIERRA DE LOS JUDÍOS...

Una luz enceguecedora

BASADO EN HECHOS 9:1-18

AÑOS ANTES, HABÍA NACIDO EN TARSO UN NIÑO DE NOMBRE SAULO. SUS PADRES LE ENSEÑARON A ADORAR Y A OBEDECER A DIOS. SAULO SE CONVIRTIÓ EN UN SOBRESALIENTE ESTUDIANTE DE LA LEY JUDÍA. COMO LA MAYORÍA DE LOS LÍDERES JUDÍOS, SAULO SE NEGÓ A ACEPTAR A JESÚS COMO EL SALVADOR ENVIADO POR DIOS. CUANDO LOS LÍDERES JUDÍOS APEDREARON A ESTEBAN HASTA MATARLO, SAULO CUIDÓ LAS TÚNICAS. PRONTO COMENZÓ ÉL MISMO UN ATAQUE CONTRA LOS SEGUIDORES DE JESÚS. LOS ARRASTRABA A LOS TRIBUNALES PARA QUE FUERAN INTERROGADOS, CASTIGADOS Y HASTA CONDENADOS A MUERTE. ENTONCES SAULO DECIDIÓ SALIR A BUSCAR MÁS CREYENTES EN DAMASCO.

SAULO CABALGA HACIA DAMASCO CON LA ANSIEDAD DE UN CAZADOR QUE SIGUE LA HUELLA DE SU PRESA. CUANDO ALCANZA A VER LA CIUDAD APURA A SU CABALLO, COMO SI CADA MINUTO PESARA EN SU EMPRESA DE DESTRUIR A LOS SEGUIDORES DE JESÚS. DE PRONTO DESTELLA UNA LUZ, MÁS FUERTE QUE LA DEL SOL A MEDIODÍA. SAULO CAE AL SUELO, Y OYE UNA VOZ QUE LO LLAMA:

¡SAULO! ¡SAULO! ¿POR QUÉ ME PERSIGUES?

¿QUIÉN ERES, SEÑOR?

SOY JESÚS, AL QUE TÚ PERSIGUES. LEVÁNTATE Y VE A LA CIUDAD. ALLÍ SE TE DIRÁ LO QUE DEBES HACER.

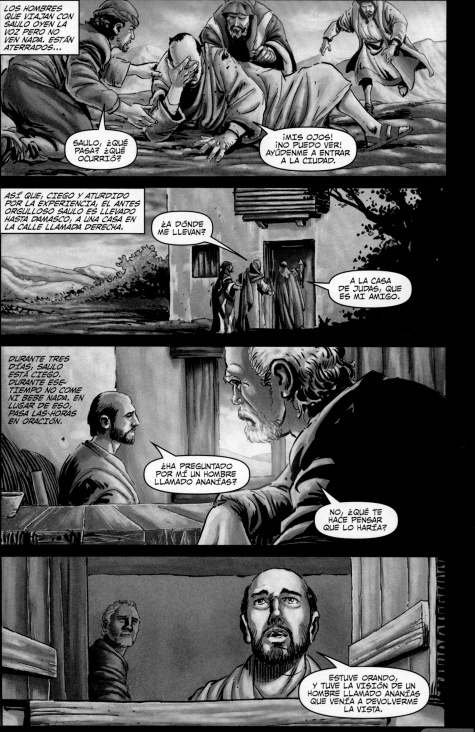

LOS HOMBRES QUE VIAJAN CON SAULO OYEN LA VOZ PERO NO VEN NADA. ESTÁN ATERRADOS...

SAULO, ¿QUÉ PASA? ¿QUÉ OCURRIÓ?

¡MIS OJOS! ¡NO PUEDO VER! AYÚDENME A ENTRAR A LA CIUDAD.

ASÍ QUE, CIEGO Y ATURDIDO POR LA EXPERIENCIA, EL ANTES ORGULLOSO SAULO ES LLEVADO HASTA DAMASCO, A UNA CASA EN LA CALLE LLAMADA DERECHA.

¿A DÓNDE ME LLEVAN?

A LA CASA DE JUDAS, QUE ES MI AMIGO.

DURANTE TRES DÍAS, SAULO ESTÁ CIEGO. DURANTE ESE TIEMPO NO COME NI BEBE NADA. EN LUGAR DE ESO, PASA LAS HORAS EN ORACIÓN.

¿HA PREGUNTADO POR MÍ UN HOMBRE LLAMADO ANANÍAS?

NO, ¿QUÉ TE HACE PENSAR QUE LO HARÍA?

ESTUVE ORANDO, Y TUVE LA VISIÓN DE UN HOMBRE LLAMADO ANANÍAS QUE VENÍA A DEVOLVERME LA VISTA.

MIENTRAS SAULO ESTÁ ORANDO, JESÚS SE APARECE A ANANÍAS EN OTRO PUNTO DE LA CIUDAD.

¡ANANÍAS, LEVÁNTATE! VE A LA CALLE LLAMADA DERECHA, A LA CASA DE JUDAS. PREGUNTA POR UN HOMBRE QUE SE LLAMA SAULO. HA RECIBIDO UNA VISIÓN DE QUE IRÁS A VERLO.

SEÑOR, SÉ QUIÉN ES ESE HOMBRE MALVADO. ¡ODIA A TUS SEGUIDORES!

¡VE! LO HE ELEGIDO PARA QUE ME SIRVA. ÉL LLEVARÁ MI BUENA NOTICIA A TODOS LOS PUEBLOS, NO SOLO A LOS JUDÍOS.

ANANÍAS OBEDECE. ENCUENTRA A SAULO EN LA CASA DE JUDAS...

HERMANO SAULO, HAS VISTO AL SEÑOR JESÚS. AHORA ÉL ME HA ENVIADO PARA QUE RECUPERES LA VISTA. SERÁS LLENO CON SU ESPÍRITU.

ANANÍAS PONE SUS MANOS SOBRE LOS OJOS DE SAULO...

¡ALABADO SEA DIOS! ¡PUEDO VER!

El nuevo Pablo
BASADO EN HECHOS 9:26-31

SAULO, AL QUE TAMBIÉN SE LLAMA PABLO, REGRESA A JERUSALÉN. QUIERE SUMARSE AL GRUPO DE SEGUIDORES DE JESÚS, PERO TODAVÍA LE TIENEN MIEDO Y HUYEN CUANDO LO VEN. BERNABÉ, EL HOMBRE QUE VENDIÓ SU TERRENO Y DIO EL DINERO A LOS POBRES, ES EL PRIMERO DISPUESTO A CREER QUE PABLO HA CAMBIADO.

PABLO AHORA SIGUE A JESÚS. ¡HA VISTO A JESÚS! ESTÁ PREDICANDO EN SU NOMBRE.

¡MUY BIEN, ADELANTE! ¡DIME MÁS ACERCA DE LO QUE OCURRIÓ!

DURANTE DÍAS Y NOCHES, PABLO, EL BRILLANTE ESTUDIOSO DE LA LEY JUDÍA, CONVERSA CON PEDRO, EL TOSCO PESCADOR. HABLAN SOBRE JESÚS. LOS CREYENTES EN JERUSALÉN RECONOCEN QUE DIOS HA TRANSFORMADO LA VIDA DE PABLO.

LOS CREYENTES EN ANTIOQUÍA QUIEREN OFRECER AYUDA. DECIDEN ENVIAR DINERO A JERUSALÉN PARA QUE LOS CREYENTES ALLÍ COMPREN ALIMENTOS. PABLO SE OFRECE PARA LLEVAR LA OFRENDA.

TIENES ENEMIGOS EN JERUSALÉN. ¡QUIEREN MATARTE!

NO IMPORTA. TENEMOS QUE AYUDAR A LOS CREYENTES ALLÍ, AUNQUE SEA PELIGROSO.

LOS CRISTIANOS EN ANTIOQUÍA OFRENDAN CON GENEROSIDAD, Y PABLO Y BERNABÉ LLEVAN EL DINERO A JERUSALÉN.

¿QUÉ HAREMOS CUANDO SE NOS ACABE LA COMIDA?

DIOS NO SE OLVIDARÁ DE NOSOTROS.

¡ESCUCHEN! ALGUIEN LLAMA A LA PUERTA.

¡BERNABÉ!

PABLO Y YO HEMOS TRAÍDO AYUDA DE PARTE DE LOS CRISTIANOS EN ANTIOQUÍA. LLEVAMOS DINERO PARA QUE LO USEN LOS ANCIANOS EN JERUSALÉN.

AVISEN A LOS DEMÁS ANCIANOS. ¡TENEMOS DINERO PARA COMPRAR ALIMENTOS!

UNA VEZ QUE COMPLETAN SU MISIÓN, PABLO Y BERNABÉ SE PREPARAN PARA DEJAR JERUSALÉN.

PABLO, ESTE ES MI PRIMO JUAN MARCOS. LE GUSTARÍA IR CON NOSOTROS.

¡MUY BIEN! NOS SERÁS ÚTIL, MARCOS.

EN ANTIOQUÍA, PABLO Y BERNABÉ SE ENCUENTRAN CON OTROS PARA ORAR. DIOS LES DICE A LOS LÍDERES DE LA IGLESIA QUE ENVÍEN A PABLO Y A BERNABÉ PARA COMPARTIR LA BUENA NOTICIA DE JESÚS EN OTROS LUGARES. ELLOS SE PONEN EN MARCHA, LLEVANDO A MARCOS.

¡ALLÁ ESTÁ LA ISLA DE CHIPRE!

Y ALLÍ ES DONDE COMIENZA NUESTRA TAREA MISIONERA.

DESPUÉS DE PREDICAR EN VARIAS CIUDADES DE LA ISLA, LOS MISIONEROS LLEGAN A PAFOS. HASTA AQUÍ NADIE LES HA HECHO PROBLEMA, PERO AHORA...

SERGIO PAULO, EL GOBERNADOR ROMANO, HA ORDENADO QUE VENGAN CONMIGO.

¡Silencio, hechicero!

BASADO EN HECHOS 13:6-14:7

DESPUÉS DE PREDICAR EN TODA LA ISLA DE CHIPRE, PABLO, BERNABÉ Y MARCOS SON CITADOS POR EL GOBERNADOR ROMANO. PARA SU SORPRESA, QUIERE ESCUCHAR SOBRE JESÚS. CON ENTUSIASMO, PABLO LE HABLA SOBRE JESÚS Y SOBRE CÓMO DIOS LO LEVANTÓ DE LOS MUERTOS. EL HECHICERO DE LA CORTE TRATA DE IMPEDIR QUE EL GOBERNADOR CREA.

¡MENTIRAS! ¡SON *TODAS* MENTIRAS! NINGÚN MUERTO PUEDE VOLVER A LA VIDA.

¡HIJO DEL DIABLO!

ERES ENEMIGO DE LA VERDAD Y DISTORSIONAS LOS CAMINOS VERDADEROS DEL SEÑOR.

¡AHORA QUEDARÁS CIEGO!

¡NO PUEDO VER! ¡NECESITO AYUDA!

¡SOLO DIOS PUDO HABER HECHO ESO! CREO EN LO QUE HAS DICHO ACERCA DE JESÚS.

ALENTADOS POR EL ÉXITO EN CHIPRE, LOS MISIONEROS DECIDEN VIAJAR MÁS LEJOS. EN PERGE...

PABLO DICE QUE SE VAN HACIA EL NORTE, AL ASIA MENOR. ¡ESO SERÍA MUY LEJOS DE CASA!

CREO QUE ES HORA DE QUE YO VUELVA A JERUSALÉN.

TE ENTIENDO, MARCOS. COMPARTE CON NUESTROS AMIGOS EL TRABAJO QUE ESTAMOS HACIENDO, Y PÍDELES QUE OREN POR NOSOTROS.

PABLO Y BERNABÉ VIAJAN POR LAS COSTAS DEL MAR MEDITERRÁNEO.

Mar Negro

ASIA MENOR

ANTIOQUÍA

PERGE

TARSO

ANTIOQUÍA

PAFOS · CHIPRE

SIRIA

Mar Mediterráneo

DAMASCO

CESAREA

JERUSALÉN

CAMINO A ANTIOQUÍA DE PISIDIA...

ME DECEPCIONA QUE MARCOS NOS HAYA ABANDONADO.

ES JOVEN. SERVIRÁ A JESÚS EN JERUSALÉN, Y ESO TAMBIÉN ES VALIOSO.

EN ANTIOQUÍA DE PISIDIA, PABLO PREDICA EN LA SINAGOGA. SU SERMÓN ACERCA DE JESÚS ES TAN EMOCIONANTE QUE LA GENTE LE PIDE HABLARLE OTRA VEZ. PERO LA SEMANA SIGUIENTE, LOS LÍDERES JUDÍOS SE PONEN FURIOSOS POR LO QUE VEN...

¡*MIREN!* LA MULTITUD ESTÁ ABSORBIENDO CADA PALABRA QUE PABLO LES DICE. VA A *DESTRUIR* POR COMPLETO NUESTRA RELIGIÓN.

LE PONDRÉ FRENO DE INMEDIATO.

ESTE HOMBRE ES UN MENTIROSO Y UN TRAIDOR A LA FE JUDÍA.

MI DEBER ES COMPARTIR EL MENSAJE DE LA VIDA ETERNA DE DIOS CON LOS JUDÍOS EN PRIMER LUGAR. PERO SI USTEDES RECHAZAN EL MENSAJE, LO LLEVARÉ A LOS GENTILES.

LOS GENTILES, ES DECIR LAS PERSONAS QUE NO SON JUDÍAS, REACCIONAN CON ALEGRÍA AL MENSAJE DE PABLO.

¡GRACIAS A DIOS POR MANDAR A PABLO CON ESTAS NOTICIAS!

¡VIDA ETERNA CON DIOS! TENGO QUE CONTARLES DE JESÚS A TODOS MIS AMIGOS.

LOS LÍDERES JUDÍOS ESTÁN TAN ENOJADOS QUE LLEVAN SUS QUEJAS A LOS FUNCIONARIOS DE LA CIUDAD.

¿NO SE DAN CUENTA? PABLO ESTÁ TRATANDO DE CAUSAR CONFLICTOS ENTRE JUDÍOS Y GENTILES. SI HAY DERRAMAMIENTO DE SANGRE, EL GOBIERNO EN ROMA ENVIARÁ TROPAS PORQUE USTEDES NO ESTÁN CUMPLIENDO CON SU TRABAJO.

SABEMOS CÓMO OCUPARNOS DE LOS QUE PROVOCAN DESORDEN. PABLO Y BERNABÉ TENDRÁN QUE DEJAR LA CIUDAD, O...

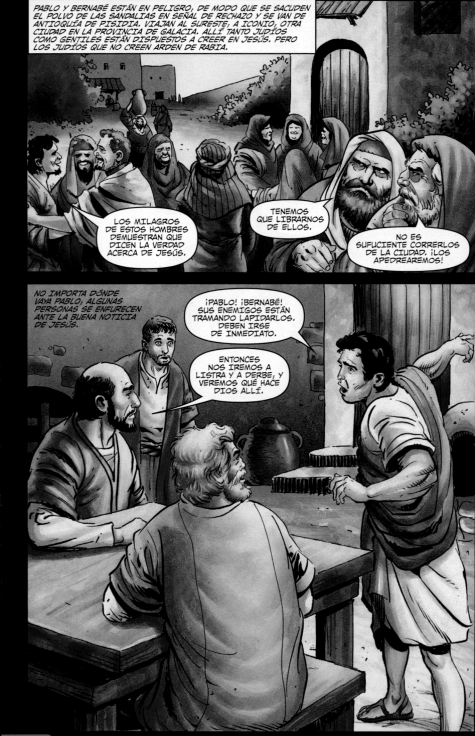

PABLO Y BERNABÉ ESTÁN EN PELIGRO, DE MODO QUE SE SACUDEN EL POLVO DE LAS SANDALIAS EN SEÑAL DE RECHAZO Y SE VAN DE ANTIOQUÍA DE PISIDIA. VIAJAN AL SURESTE, A ICONIO, OTRA CIUDAD EN LA PROVINCIA DE GALACIA. ALLÍ TANTO JUDÍOS COMO GENTILES ESTÁN DISPUESTOS A CREER EN JESÚS. PERO LOS JUDÍOS QUE NO CREEN ARDEN DE RABIA.

LOS MILAGROS DE ESTOS HOMBRES DEMUESTRAN QUE DICEN LA VERDAD ACERCA DE JESÚS.

TENEMOS QUE LIBRARNOS DE ELLOS.

NO ES SUFICIENTE CORRERLOS DE LA CIUDAD. ¡LOS APEDREAREMOS!

NO IMPORTA DÓNDE VAYA PABLO, ALGUNAS PERSONAS SE ENFURECEN ANTE LA BUENA NOTICIA DE JESÚS.

¡PABLO! ¡BERNABÉ! SUS ENEMIGOS ESTÁN TRAMANDO LAPIDARLOS. DEBEN IRSE DE INMEDIATO.

ENTONCES NOS IREMOS A LISTRA Y A DERBE, Y VEREMOS QUÉ HACE DIOS ALLÍ.

ENARDECIDOS POR LOS HOMBRES DE ANTIOQUÍA E ICONIO, LA GENTE DE LISTRA SE VUELVE CONTRA PABLO Y LO APEDREA. ARRASTRAN SU CUERPO FUERA DE LA CIUDAD Y LO DAN POR MUERTO.

¡ESTA SERÁ UNA LECCIÓN PARA CUALQUIERA QUE TRATE DE PROVOCAR PROBLEMAS EN NUESTRA CIUDAD!

CUANDO LA TURBA SE VA, BERNABÉ Y LOS CREYENTES DE LISTRA SE REÚNEN EN TORNO AL CUERPO INMÓVIL DE PABLO. MIENTRAS ESTÁN ALLÍ LLORANDO...

¡SE MUEVE! ¡ESTÁ VIVO! ¡RÁPIDO, AYUDÉMOSLO!

¡CREÍAMOS QUE TE HABÍAN MATADO!

LO INTENTARON, PERO DIOS ME SALVÓ. VOLVAMOS A LA CIUDAD.

La división griega

BASADO EN HECHOS 14:20–15:1

AL DÍA SIGUIENTE, PABLO Y BERNABÉ SE DIRIGEN A DERBE, DONDE MUCHA GENTE SE HACE CRISTIANA. PERO LA MIRADA DE PABLO SE VUELVE HACIA ANTIOQUÍA Y HACIA LA IGLESIA QUE LOS HABÍA ENCOMENDADO...

EL CAMINO MÁS CERCA PARA REGRESAR ES POR TARSO.

NO, DEBEMOS VOLVER POR EL CAMINO QUE VINIMOS, PARA CONFIRMAR A LOS CREYENTES Y VER CÓMO LES ESTÁ YENDO A LAS IGLESIAS.

ASIA MENOR

ANTIOQUÍA
ICONIO
LISTRA
GALACIA
DERBE
TARSO
PERGE
ATALIA
ANTIOQUÍA
SIRIA
Mar Mediterráneo
SALAMINA
CHIPRE
PAFOS

EN EL PRIMER VIAJE MISIONERO A LOS GENTILES, PABLO Y BERNABÉ RECORRIERON MÁS DE 2200 KILÓMETROS POR TIERRA Y POR MAR, EN UN PERÍODO DE ALREDEDOR DE DOS AÑOS.

UNA VEZ DE REGRESO EN SU PROPIA IGLESIA EN ANTIOQUÍA, PABLO Y BERNABÉ REBOSAN DE ALEGRÍA AL VER NUEVAMENTE A SUS AMIGOS Y AL CONTARLES TODO LO QUE DIOS HA HECHO.

¡DIOS HA ABIERTO UN CAMINO PARA CUALQUIERA QUE CREA EN JESÚS!

ESTAMOS CONTENTOS DE HABERLOS RESPALDADO MIENTRAS DIFUNDÍAN LA BUENA NOTICIA.

BAJO EL LIDERAZGO DE PABLO Y BERNABÉ, LA IGLESIA EN ANTIOQUÍA CRECE EN NÚMERO Y EN INFLUENCIA. PERO UN DÍA LLEGA DE JERUSALÉN UN GRUPO DE CRISTIANOS.

LOS GENTILES NO PUEDEN SER CRISTIANOS A MENOS QUE OBEDEZCAN TAMBIÉN NUESTRAS LEYES JUDÍAS.

¿QUÉ? ¿QUIÉN HIZO ESA REGLA?

HABLAMOS CON LA AUTORIDAD DE SANTIAGO, EL HERMANO DE JESÚS, EL LÍDER DE LA IGLESIA EN JERUSALÉN.

¿CÓMO PODRÍA SER VERDAD? PABLO NUNCA DIJO NADA PARECIDO.

NUNCA DEJARÉ DE CREER EN JESÚS, PERO NO PUEDO OBEDECER TODAS ESAS LEYES JUDÍAS.

¡ENTONCES NO PUEDES SER CRISTIANO!

LA DISCUSIÓN AUMENTA: CRISTIANOS JUDÍOS CONTRA CRISTIANOS GENTILES. LOS CREYENTES TOMAN POSICIONES ENFRENTADAS...

Concilio de Jerusalén

BASADO EN HECHOS 15:1-35; GÁLATAS

LA DISCUSIÓN ENTRE CRISTIANOS JUDÍOS Y GENTILES ARRASA LA IGLESIA COMO UN HURACÁN. PABLO, BERNABÉ Y OTROS DE LA IGLESIA DE ANTIOQUÍA VIAJAN A JERUSALÉN PARA HABLAR CON LOS LÍDERES DE ESA IGLESIA.

LA IGLESIA EN JERUSALÉN DA LA BIENVENIDA A PABLO Y A BERNABÉ.

DONDEQUIERA QUE VAMOS LOS GENTILES CREEN EN JESÚS.

DIOS ESTÁ MOSTRANDO SU PODER TANTO A LOS JUDÍOS COMO A LOS QUE NO LO SON.

ESTOY CONVENCIDO DE QUE PARA DIOS NO IMPORTA SI ERES GRIEGO O JUDÍO, VARÓN O MUJER, RICO O POBRE, PORQUE TODOS SOMOS UNO EN CRISTO.

EL CONCILIO DE JERUSALÉN SE ENFRENTA A UN INTERROGANTE: ¿DEBEN LOS GENTILES VOLVERSE PRIMERO JUDÍOS Y OBEDECER LA LEY JUDÍA ANTES DE CREER EN JESÚS? DESPUÉS DE PRESENTAR ARGUMENTOS DE AMBOS LADOS, SANTIAGO, EL LÍDER DEL CONCILIO, SE LEVANTA Y HABLA...

HEMOS OÍDO LO QUE PABLO Y BERNABÉ NOS HAN DICHO.

HEMOS ESCUCHADO A PEDRO CONTARNOS QUE DIOS AMA A LAS PERSONAS QUE NO SON JUDÍAS.

NO LES HAGAMOS MÁS DIFÍCIL A ELLOS VOLVERSE A DIOS.

EL CONCILIO COINCIDE EN UNAS POCAS NORMAS IMPORTANTES. LOS CRISTIANOS, TANTO JUDÍOS COMO GENTILES, DEBEN EVITAR COMER ALIMENTOS SACRIFICADOS A DIOSES FALSOS, Y DEBEN MANTENER UNA VIDA PURA.

PRONTO ESTÁN BAUTIZADOS TODOS LOS MIEMBROS DE LA CASA DE LIDIA. ELLA INVITA A LOS MISIONEROS A INSTALARSE EN SU CASA MIENTRAS ESTÉN EN FILIPOS.

A LOS ROMANOS LES ENCANTA LA PÚRPURA. LES VENDO LA MAYOR PARTE DE MIS TELAS A ELLOS.

MIENTRAS LES VENDES, HÁBLALES DE JESÚS.

CADA DÍA, MIENTRAS PABLO Y SILAS RECORREN LAS CALLES DE FILIPOS, VEN UN TRISTE ESPECTÁCULO...

LA POBRE CHICA ESTÁ BAJO LA INFLUENCIA DE UN DEMONIO. SUS AMOS GANAN MUCHO DINERO USÁNDOLA PARA PREDECIR EL FUTURO.

FINALMENTE, UN DÍA...

¡USTEDES SIRVEN AL DIOS ALTÍSIMO!

EN EL NOMBRE DE CRISTO, ¡SAL DE ELLA!

¡MIREN! YA NO PUEDE ADIVINAR LA SUERTE. NUESTRO NEGOCIO SE ARRUINÓ.

QUIENQUIERA SEA ESE HOMBRE, PAGARÁ POR ESTO. NO TENÍA DERECHO DE METERSE EN NUESTROS ASUNTOS.

201

DESPUÉS DE AZOTARLOS SEVERAMENTE, LOS PONEN A PABLO Y SILAS EN LA CÁRCEL.

USTED PAGARÁ CON SU VIDA SI ESTOS HOMBRES ESCAPAN.

A MEDIANOCHE, A PESAR DEL SUFRIMIENTO, PABLO Y SILAS ORAN Y CANTAN ALABANZAS A DIOS.

DE PRONTO, LOS CIMIENTOS DE LA CÁRCEL SE SACUDEN, LAS PAREDES SE TUERCEN Y SE AGRIETAN, ARRANCANDO LAS CADENAS Y LAS BISAGRAS DE LAS PESADAS PUERTAS.

¡TERREMOTO!

EL CARCELERO CORRE AL CALABOZO, SEGURO DE QUE SUS PRISIONEROS HAN ESCAPADO.

¡NO ESTÁN! SERÁ MEJOR QUE ME MATE.

¡NO! ¡NO! ¡ESTAMOS TODOS AQUÍ! NO TE HAGAS DAÑO.

CONVENCIDO DE QUE PABLO Y SILAS SON LA CAUSA DEL TERREMOTO, EL CARCELERO CAE DE RODILLAS DELANTE DE ELLOS.

¿QUÉ DEBO HACER PARA SER SALVO?

CREE EN EL SEÑOR JESUCRISTO.

A ESA HORA DE LA NOCHE, EL CARCELERO LLEVA A PABLO Y SILAS A SU CASA Y LOS ATIENDE. ÉL Y SU FAMILIA ESCUCHAN MIENTRAS PABLO LES HABLA SOBRE JESÚS. ¡ENTONCES SON TODOS BAUTIZADOS!

TEMPRANO POR LA MAÑANA, TRAEN LA NOTICIA DE QUE PABLO Y SILAS ESTÁN EN LIBERTAD DE MARCHARSE.

LOS JUECES HAN ORDENADO SU LIBERTAD.

SOMOS CIUDADANOS ROMANOS. FUIMOS PUESTOS EN LA CÁRCEL SIN JUICIO PREVIO,

¿Y AHORA LOS JUECES CREEN QUE SE LIBERARÁN TAN FÁCILMENTE DE NOSOTROS? ¡NO!

DILES A LOS JUECES QUE NUESTRA LIBERACIÓN DEBE SER TAN PÚBLICA COMO LO FUERON LOS AZOTES.

Problemas en Tesalónica

BASADO EN HECHOS 16:40-18:11; 1 Y 2 TESALONICENSES

EN LA CASA DE LIDIA, PABLO, SILAS Y TIMOTEO SE DESPIDEN DE SUS AMIGOS.

GRACIAS POR DEJAR AQUÍ AL DOCTOR LUCAS PARA QUE AYUDE EN NUESTRA IGLESIA.

SEAN VALIENTES. VOLVEREMOS. AFÉRRENSE A SU FE EN JESÚS.

DESPUÉS DE VIAJAR ALREDEDOR DE 145 KILÓMETROS, LOS MISIONEROS LLEGAN A TESALÓNICA, SOBRE LA COSTA DEL MAR EGEO. COMO HABITUALMENTE HACE AL LLEGAR A UNA NUEVA CIUDAD, PABLO VA A PREDICAR A LA SINAGOGA.

LAS ESCRITURAS PROMETIERON QUE VENDRÍA UN SALVADOR. JESÚS, QUIEN MURIÓ EN LA CRUZ Y SE LEVANTÓ DE LOS MUERTOS, ES ESE SALVADOR.

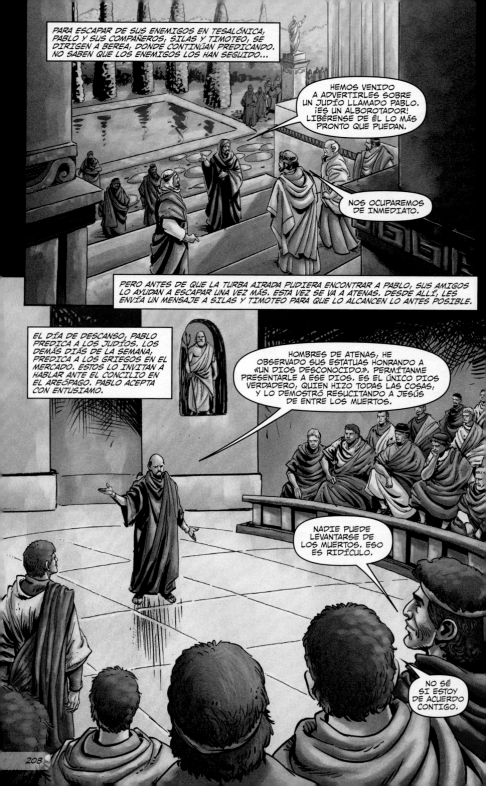

PARA ESCAPAR DE SUS ENEMIGOS EN TESALÓNICA, PABLO Y SUS COMPAÑEROS, SILAS Y TIMOTEO, SE DIRIGEN A BEREA, DONDE CONTINÚAN PREDICANDO. NO SABEN QUE LOS ENEMIGOS LOS HAN SEGUIDO...

HEMOS VENIDO A ADVERTIRLES SOBRE UN JUDÍO LLAMADO PABLO. ¡ES UN ALBOROTADOR! LIBÉRENSE DE ÉL LO MÁS PRONTO QUE PUEDAN.

NOS OCUPAREMOS DE INMEDIATO.

PERO ANTES DE QUE LA TURBA AIRADA PUDIERA ENCONTRAR A PABLO, SUS AMIGOS LO AYUDAN A ESCAPAR UNA VEZ MÁS. ESTA VEZ SE VA A ATENAS. DESDE ALLÍ, LES ENVÍA UN MENSAJE A SILAS Y TIMOTEO PARA QUE LO ALCANCEN LO ANTES POSIBLE.

EL DÍA DE DESCANSO, PABLO PREDICA A LOS JUDÍOS. LOS DEMÁS DÍAS DE LA SEMANA, PREDICA A LOS GRIEGOS EN EL MERCADO. ESTOS LO INVITAN A HABLAR ANTE EL CONCILIO EN EL AREÓPAGO. PABLO ACEPTA CON ENTUSIAMO.

HOMBRES DE ATENAS, HE OBSERVADO SUS ESTATUAS HONRANDO A «UN DIOS DESCONOCIDO». PERMÍTANME PRESENTARLE A ESE DIOS. ES EL ÚNICO DIOS VERDADERO, QUIEN HIZO TODAS LAS COSAS, Y LO DEMOSTRÓ RESUCITANDO A JESÚS DE ENTRE LOS MUERTOS.

NADIE PUEDE LEVANTARSE DE LOS MUERTOS. ESO ES RIDÍCULO.

NO SÉ SI ESTOY DE ACUERDO CONTIGO.

DESDE ATENAS, PABLO SE DIRIGE A CORINTO, DONDE BUSCA TRABAJO.

ME LLAMO PABLO. SOY FABRICANTE DE CARPAS.

¿QUIERES TRABAJAR CON NOSOTROS? ME LLAMO AQUILA, Y ELLA ES MI ESPOSA, PRISCILA.

TAMBIÉN SOY MISIONERO. QUIERO COMENZAR UNA IGLESIA CRISTIANA.

PABLO PREDICA EN CORINTO EL DÍA DE DESCANSO Y DURANTE LA SEMANA SE GANA LA VIDA COMO FABRICANTE DE CARPAS. SILAS Y TIMOTEO LLEGAN UN DÍA A CORINTO CON LA NOTICIA DE QUE LA IGLESIA EN TESALÓNICA ESTÁ FIRME.

LES ESCRIBIRÉ DE INMEDIATO.

PRIMERA CARTA DE PABLO A LOS TESALONICENSES...

Recuerdo con cuánta alegría se apartaron de los ídolos para servir al Dios verdadero. Ya no pertenecemos a la oscuridad y a la noche. Somos todos hijos de la luz y del día. No sean como el resto de la gente que camina dormida por la vida. Estén siempre alegres; nunca dejen de orar; sean agradecidos en toda circunstancia, buena o mala. No se preocupen, porque cuando muramos, nos encontraremos con Jesús en el cielo.

PABLO SE QUEDA EN CORINTO DURANTE UN AÑO Y MEDIO. DURANTE ESTE TIEMPO, ESCRIBE UNA SEGUNDA CARTA A LOS CRISTIANOS EN TESALÓNICA.

SEGUNDA CARTA DE PABLO A LOS TESALONICENSES...

Nuestro Señor Jesucristo volverá, ¡pero eso no significa que mientras tanto podemos dejar de trabajar! Si alguien no trabaja, ¡tampoco coma! No se cansen de hacer el bien. Antes de que vuelva Jesús, vendrá el hombre de anarquía a que odia la verdad y pretende ser Dios. Manténganse firmes y permanezcan fieles a las enseñanzas de nuestro Señor, para que no sean engañados.

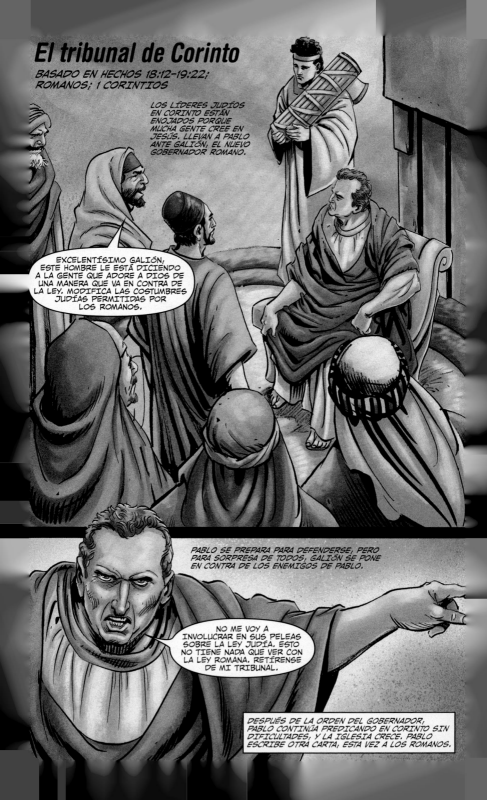

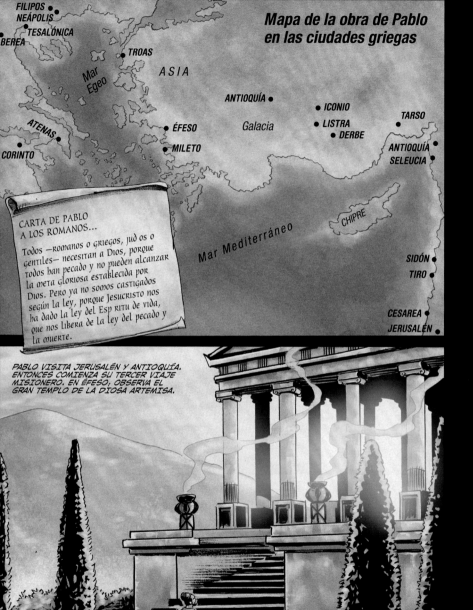

Mapa de la obra de Pablo en las ciudades griegas

FILIPOS
NEÁPOLIS
TESALÓNICA
BEREA
TROAS

Mar Egeo

A S I A

ANTIOQUÍA

ICONIO
LISTRA
DERBE

TARSO

ÉFESO

Galacia

ATENAS

MILETO

ANTIOQUÍA
SELEUCIA

CORINTO

CHIPRE

Mar Mediterráneo

SIDÓN
TIRO

CESAREA
JERUSALÉN

CARTA DE PABLO
A LOS ROMANOS...

Todos —romanos o griegos, judíos o gentiles— necesitan a Dios, porque todos han pecado y no pueden alcanzar la meta gloriosa establecida por Dios. Pero ya no somos castigados según la ley, porque Jesucristo nos ha dado la ley del Espíritu de vida, que nos libera de la ley del pecado y la muerte.

PABLO VISITA JERUSALÉN Y ANTIOQUÍA. ENTONCES COMIENZA SU TERCER VIAJE MISIONERO. EN ÉFESO, OBSERVA EL GRAN TEMPLO DE LA DIOSA ARTEMISA.

COMO LA GENTE DE ATENAS, LOS EFESIOS ADORAN A UNA DIOSA QUE HAN HECHO CON SUS PROPIAS MANOS. DIOS, AYÚDAME A MOSTRARLES LA VERDAD.

EL PUEBLO DE ÉFESO ESCUCHA A PABLO Y VE QUE LO QUE DICE ES CIERTO, Y QUE SUS HECHICEROS SON IMPOSTORES. MUCHA GENTE CREE EN JESÚS Y QUEMA SUS LIBROS DE MAGIA.

¡ESOS ROLLOS VALEN UNA FORTUNA!

SÍ, ¡PERO SU NUEVA VIDA EN JESÚS VALE MUCHO MÁS!

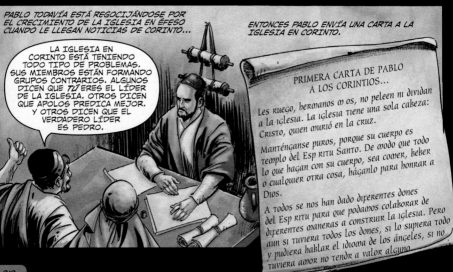

PABLO TODAVÍA ESTÁ REGOCIJÁNDOSE POR EL CRECIMIENTO DE LA IGLESIA EN ÉFESO CUANDO LE LLEGAN NOTICIAS DE CORINTO...

ENTONCES PABLO ENVÍA UNA CARTA A LA IGLESIA EN CORINTO.

LA IGLESIA EN CORINTO ESTÁ TENIENDO TODO TIPO DE PROBLEMAS. SUS MIEMBROS ESTÁN FORMANDO GRUPOS CONTRARIOS. ALGUNOS DICEN QUE TÚ ERES EL LÍDER DE LA IGLESIA. OTROS DICEN QUE APOLOS PREDICA MEJOR. Y OTROS DICEN QUE EL VERDADERO LÍDER ES PEDRO.

PRIMERA CARTA DE PABLO A LOS CORINTIOS...

Les ruego, hermanos míos, no peleen ni dividan a la iglesia. La iglesia tiene una sola cabeza: Cristo, quien murió en la cruz.

Manténganse puros, porque su cuerpo es templo del Espíritu Santo. De modo que todo lo que hagan con su cuerpo, sea comer, beber o cualquier otra cosa, háganlo para honrar a Dios.

A todos se nos han dado diferentes dones del Espíritu para que podamos colaborar de diferentes maneras a construir la iglesia. Pero aun si tuviera todos los dones, si lo supiera todo y pudiera hablar el idioma de los ángeles, si no tuviera amor no tendría valor alguno.

La turba en Éfeso

BASADO EN HECHOS 19:23–20:5; 2 CORINTIOS

LA IGLESIA EN ÉFESO CRECE CASI TAN RÁPIDO COMO LA LLAMARADA QUE DESTRUYÓ LOS LIBROS DE MAGIA. PERO LA GENTE QUE GANA DINERO VENDIENDO OBJETOS PARA ADORAR A LOS FALSOS DIOSES ESTÁ MOLESTA...

EL NEGOCIO NO ANDA BIEN. LA GENTE NO COMPRA LAS ESTATUILLAS DE PLATA DE ARTEMISA.

ES POR CULPA DE ESE PREDICADOR CRISTIANO, PABLO. LE DICE A LA GENTE QUE CREA EN JESÚS, DE MODO QUE YA NO COMPRAN NUESTROS PRODUCTOS.

PABLO LE DICE A LA GENTE QUE ARTEMISA NO ES REALMENTE UNA DIOSA Y QUE NO ES BUENO ADORARLA.

LOS ENOJADOS MERCADERES IRRUMPEN EN LA CALLE Y ATRAPAN A ALGUNOS DE LOS AMIGOS DE PABLO.

¿DÓNDE ESTÁ PABLO? ¡DÍGANNOS!

¡JAMÁS!

213

LOS FUNCIONARIOS DE LA CIUDAD LE RUEGAN A PABLO QUE SE MANTENGA LEJOS DE LA TURBA. ESTA SIGUE GRITANDO: "¡GRANDE ES ARTEMISA!" FINALMENTE, EL ALCALDE LOGRA HACERSE ESCUCHAR.

CABALLEROS DE ÉFESO, SI LOS PLATEROS TIENEN UNA QUEJA, QUE LA TRAIGAN AL TRIBUNAL. ESTE ALBOROTO NO ES CONVENIENTE, Y PODRÍA TRAERNOS PROBLEMAS CON EL GOBIERNO ROMANO.

ANTE LA AMENAZA DE LA INTERVENCIÓN ROMANA, LA TURBA SE DISUELVE. PABLO MANDA A LLAMAR A SUS AMIGOS.

LA TURBA EN REALIDAD ME BUSCABA A MÍ. NO QUIERO QUE TODOS USTEDES SE VEAN EN PELIGRO, DE MODO QUE ME IRÉ A FILIPOS.

NUESTRAS ORACIONES IRÁN CONTIGO.

POCO DESPUÉS DE LLEGAR PABLO A FILIPOS, LLEGA TITO CON NOTICIAS DE CORINTO.

TU CARTA A LOS CRISTIANOS DE CORINTO LOGRÓ QUE VOLVIERAN AL CAMINO CORRECTO.

PERO AHORA ALGUNAS PERSONAS SOSTIENEN QUE NO ERES UN AUTÉNTICO APÓSTOL DE JESÚS.

UNA VEZ MÁS PABLO ESCRIBE A LA IGLESIA EN CORINTO...

SEGUNDA CARTA DE PABLO A LOS CORINTIOS...

Sé que en primera carta los afligió, pero me alegra haberla enviado. No tengo intención de herirlos, sino de ayudarlos a crecer en la fe. Sé que muchos de ustedes están sufriendo, pero pueden recibir consuelo: aunque compartimos el sufrimiento de Cristo, él también nos desborda con su consuelo.

¡No se desanimen! Nuestros problemas durarán un momento, pero ganarán para nosotros la vida eterna. La vida en el cielo rápidamente nos hará olvidar las pruebas terrenales. No se enfoquen en lo que pueden ver, en cosas que son temporales. Las que no se ven son las eternas.

A quienes cuestionan mi autoridad, les recuerdo lo siguiente: me han puesto preso y me han azotado; he enfrentado la muerte; me han apedreado y he sufrido naufragios. Todo eso lo he soportado para llevar adelante la obra de Cristo.

MIENTRAS TITO LLEVA LA CARTA A CORINTO, PABLO SIGUE VISITANDO A LAS IGLESIAS EN MACEDONIA. COLECTA DINERO PARA LOS POBRES EN JERUSALÉN. MESES MÁS TARDE LLEGA A CORINTO, DONDE SUS AMIGOS LE DAN UNA ENTUSIASTA BIENVENIDA.

ESTE DINERO LES DEMOSTRARÁ A LOS CRISTIANOS EN JERUSALÉN QUE USTEDES ESTÁN PREOCUPADOS POR ELLOS.

Un sueñecito peligroso

LOS ENEMIGOS DE PABLO SIGUEN COMPLOTANDO CONTRA ÉL, DE MODO QUE MODIFICA SUS PLANES DE VIAJE PARA EVITARLOS. ÉL Y SUS COMPAÑEROS VIAJAN POR MACEDONIA HACIA TROAS. EL DOCTOR LUCAS SE SUMA NUEVAMENTE AL GRUPO DE MISIONEROS.

BASADO EN HECHOS 20:6–21:16

DESPUÉS DE SEMANAS DE VIAJAR Y DE VISITAR A LAS IGLESIAS, PABLO TIENE TANTO PARA COMPARTIR CON LA GENTE EN TROAS QUE HABLA HASTA MUY ENTRADA LA NOCHE. ENTONCES...

¡CUIDADO!

¡EUTICO SE QUEDÓ DORMIDO SENTADO EN LA VENTANA!

PABLO CORRE AFUERA...

SE CAYÓ DE UNA VENTANA EN EL TERCER PISO. ¡ESTÁ MUERTO!

NO SE ALARMEN. ESTÁ VIVO.

¡GRACIAS A DIOS!

¡ESTOY SEGURA DE QUE ESTABA MUERTO! ¡DIOS LE HA DADO A PABLO UN PODER ASOMBROSO!

PABLO HABLA HASTA EL AMANECER, LUEGO SE DESPIDE DE SUS AMIGOS Y CONTINÚA SU VIAJE.

ESTOY YENDO A JERUSALÉN, AUNQUE SÉ QUE ES PELIGROSO. MI VIDA NO TIENE VALOR PARA MÍ, EN TANTO COMPLETE LA OBRA QUE JESÚS ME ENCOMENDÓ. DADO QUE NO VOLVERÉ A VERLOS, RECUERDEN EL EJEMPLO QUE LES HE DADO: TRABAJEN DURO Y AYUDEN A LOS DÉBILES. COMO DIJO JESÚS: «ES MEJOR DAR QUE RECIBIR».

EN MILETO PABLO MANDA A LLAMAR A LOS ANCIANOS DE ÉFESO. ESTOS VIAJAN CON ANSIAS 56 KILÓMETROS PARA ENCONTRARSE NUEVAMENTE CON PABLO.

PABLO SE DIRIGE A TIRO, DONDE PREDICA DURANTE UNA SEMANA. CUANDO SE MARCHA, LOS CRISTIANOS VAN CON ÉL HASTA LA PLAYA Y COMPARTEN UNA DESPEDIDA BENDECIDA POR LA ORACIÓN.

¡NO VAYAS A JERUSALÉN! ES DEMASIADO PELIGROSO. TUS ENEMIGOS ESPERAN MATARTE PORQUE DICES QUE JESÚS ES EL HIJO DE DIOS.

DEBO IR. LLEVO DINERO QUE LOS CRISTIANOS GENTILES HAN OFRENDADO PARA LOS POBRES EN JERUSALÉN. NO TENGO MIEDO.

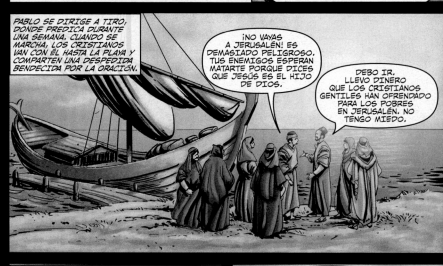

PABLO BAJA POR LA COSTA A CESAREA Y VISITA A FELIPE. EL PROFETA ÁGABO SE REÚNE CON ELLOS. DE PRONTO TOMA EL CINTURÓN DE PABLO Y CON ÉL ATA SUS PROPIAS MANOS Y PIES.

EL ESPÍRITU SANTO ME DICE QUE ASÍ ATARÁN LOS JUDÍOS DE JERUSALÉN AL DUEÑO DE ESTE CINTURÓN. LO ENTREGARÁN A LOS GENTILES.

¡PABLO, CAMBIA TUS PLANES! NO VAYAS A JERUSALÉN.

¿POR QUÉ LLORAN? ESTOY PREPARADO PARA IR A LA PRISIÓN. TAMBIÉN ESTOY PREPARADO PARA MORIR POR JESÚS.

Bajo arresto

Rumbo a Roma

BASADO EN HECHOS 23:23–28:16

PARA PROTEGER A PABLO, EL COMANDANTE ROMANO EN JERUSALÉN LO ENVÍA A CESAREA, DONDE PABLO PERMANECE EN PRISIÓN DURANTE DOS AÑOS. ENTONCES PABLO SE PRESENTA ANTE FESTO, EL GOBERNADOR ROMANO, Y EXIGE QUE SE RESPETE SU DERECHO A SER JUZGADO POR EL EMPERADOR NERÓN EN ROMA. ANTES FESTO LLEVA A PABLO ANTE OTRO GOBERNANTE, EL REY AGRIPA, QUE ESTÁ DE VISITA EN LA CIUDAD.

HUBO UN TIEMPO EN QUE ME OPUSE A JESÚS Y PERSEGUÍ A SUS SEGUIDORES, ENCARCELÁNDOLOS. PERO ENTONCES VI UNA LUZ DESDE EL CIELO, Y EL PROPIO JESÚS ME DIJO: «TE ENVÍO A LOS GENTILES PARA LIBERARLOS DEL PODER DE SATANÁS Y ACERCARLOS A DIOS». ¡NO PODÍA DESOBEDECER A LA VISIÓN CELESTIAL!

ME GUSTARÍA DEJARTE EN LIBERTAD, PERO DEBES IR A ROMA.

BAJO LA CUSTODIA ROMANA, PABLO ABORDA UN BARCO RUMBO A ROMA, DONDE SERÁ JUZGADO. EL DOCTOR LUCAS VA CON ÉL. EL BARCO ZARPA, PERO PRONTO SE VE ENVUELTO EN UNA VIOLENTA TEMPESTAD.

LA TORMENTA EMPEORA DÍA A DÍA. DESPUÉS DE DOS SEMANAS, LOS TRIPULANTES INTENTAN ABANDONAR EL BARCO.

¡QUÉDENSE EN EL BARCO! DIOS HA PROMETIDO SALVARNOS. ¡SEAN VALIENTES!

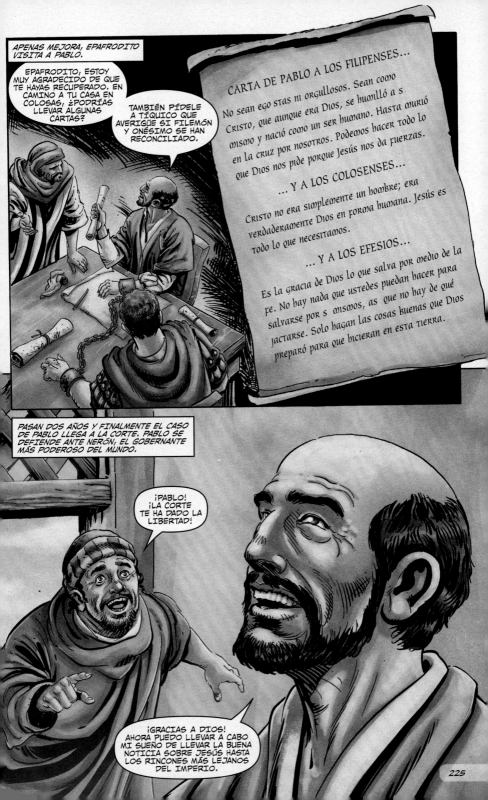

APENAS MEJORA, EPAFRODITO VISITA A PABLO.

EPAFRODITO, ESTOY MUY AGRADECIDO DE QUE TE HAYAS RECUPERADO. EN CAMINO A TU CASA EN COLOSAS, ¿PODRÍAS LLEVAR ALGUNAS CARTAS?

TAMBIÉN PÍDELE A TÍQUICO QUE AVERIGÜE SI FILEMÓN Y ONÉSIMO SE HAN RECONCILIADO.

CARTA DE PABLO A LOS FILIPENSES...

No sean egoístas ni orgullosos. Sean como Cristo, que aunque era Dios, se humilló a sí mismo y nació como un ser humano. Hasta murió en la cruz por nosotros. Podemos hacer todo lo que Dios nos pide porque Jesús nos da fuerzas.

... Y A LOS COLOSENSES...

Cristo no era simplemente un hombre; era verdaderamente Dios en forma humana. Jesús es todo lo que necesitamos.

... Y A LOS EFESIOS...

Es la gracia de Dios lo que salva por medio de la fe. No hay nada que ustedes puedan hacer para salvarse por sí mismos, así que no hay de qué jactarse. Solo hagan las cosas buenas que Dios preparó para que hicieran en esta tierra.

PASAN DOS AÑOS Y FINALMENTE EL CASO DE PABLO LLEGA A LA CORTE. PABLO SE DEFIENDE ANTE NERÓN, EL GOBERNANTE MÁS PODEROSO DEL MUNDO.

¡PABLO! ¡LA CORTE TE HA DADO LA LIBERTAD!

¡GRACIAS A DIOS! AHORA PUEDO LLEVAR A CABO MI SUEÑO DE LLEVAR LA BUENA NOTICIA SOBRE JESÚS HASTA LOS RINCONES MÁS LEJANOS DEL IMPERIO.

TRASFONDO HISTÓRICO...

EN EL AÑO 64, NERÓN, EL CRUEL EMPERADOR
DE ROMA, TIENE MUCHOS ENEMIGOS ENTRE
SU PROPIO PUEBLO. CORREN RUMORES DE
COMPLOTS CONTRA SU VIDA. REPENTINAMENTE,
UN INCENDIO BARRE LA CIUDAD Y RUGE
DURANTE NUEVE DÍAS. SECTORES ENORMES DE
LA CIUDAD SE QUEMAN HASTA LOS CIMIENTOS,
Y MILES DE PERSONAS QUEDAN SIN HOGAR.

Pelea la buena batalla
BASADO EN TITO; 2 TIMOTEO

CARTA DE PABLO A TITO...

Los seguidores de Cristo debemos ser buenos ejemplos para el mundo. Sé honesto y serio; cuida tus palabras. De esa manera, tus enemigos se avergonzarán, porque nadie creerá nada malo acerca de ti.

SEGUNDA CARTA DE PABLO A TIMOTEO...

Sé fuerte como un soldado de Cristo. Recuerda la verdad que aprendiste de mí y de las Escrituras. No dejes de predicarla, aunque vendrá el tiempo en que la gente no querrá escuchar la verdad. Sigue la Escritura, porque toda ella está inspirada por Dios y nos capacita para hacer lo bueno.

EL CASO DE PABLO LLEGA A JUICIO. LOS GUARDIAS LO ESCOLTAN A LA CORTE DE NERÓN...

NERÓN CONDENA A PABLO A MUERTE. LOS GUARDIAS LO LLEVAN FUERA DE LA CIUDAD PARA DECAPITARLO.

HE PELEADO LA BUENA BATALLA, HE TERMINADO LA CARRERA Y HE PERMANECIDO FIEL.

ASÍ LE LLEGA LA MUERTE A PABLO, QUIEN PLANTÓ IGLESIAS CRISTIANAS EN DOS CONTINENTES. MUCHAS DE LAS CARTAS DE PABLO LLEGARON A SER LIBROS EN EL NUEVO TESTAMENTO.*

PERO LA MUERTE DE PABLO NO SEÑALA EL FIN DE LA DIFUSIÓN DEL EVANGELIO. LA VERDAD SOBRE JESÚS SIGUE EXTENDIÉNDOSE POR EL IMPERIO ROMANO Y A TRAVÉS DEL MUNDO.

* AUNQUE LA BIBLIA NO RELATA EL JUICIO Y LA EJECUCIÓN DE PABLO, LA TRADICIÓN CRISTIANA PRIMITIVA DICE QUE FUE DECAPITADO DURANTE LA PERSECUCIÓN DE NERÓN.

Las últimas cartas

BASADO EN HEBREOS-JUDAS

LAS ÚLTIMAS OCHO CARTAS DEL NUEVO TESTAMENTO, DESDE HEBREOS HASTA JUDAS, SON MENSAJES QUE LOS DISCÍPULOS DE JESÚS ESCRIBIERON PARA DAR CONSEJO, ALIENTO Y CONSUELO A LOS PRIMEROS CRISTIANOS.

EL LIBRO DE HEBREOS

LA CARTA A LOS HEBREOS SE ESCRIBIÓ CUANDO LOS CRISTIANOS JUDÍOS ESTABAN SIENDO PRESIONADOS PARA RENUNCIAR A SU FE EN JESÚS Y REGRESAR A SUS TRADICIONES JUDÍAS. SE PREGUNTABAN QUÉ ERA LO CORRECTO: ¿CREER EN JESÚS O CREER EN LA RELIGIÓN DE ABRAHAM, MOISÉS Y DAVID?

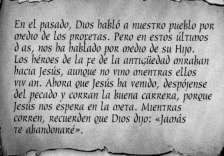

En el pasado, Dios habló a nuestro pueblo por medio de los profetas. Pero en estos últimos días, nos ha hablado por medio de su Hijo. Los héroes de la fe de la antigüedad miraban hacia Jesús, aunque no vino mientras ellos vivían. Ahora que Jesús ha venido, despójense del pecado y corran la buena carrera, porque Jesús nos espera en la meta. Mientras corren, recuerden que Dios dijo: «Jamás te abandonaré».

EL LIBRO DE SANTIAGO

SANTIAGO, HERMANO DE JESÚS Y LÍDER DE LA IGLESIA EN JERUSALÉN, ESCRIBIÓ UNA CARTA PARA ALENTAR A LOS CRISTIANOS A VIVIR DE UNA MANERA COHERENTE CON SU FE.

La fe no tiene valor a menos que hagan algo con ella. Ocúpense de los necesitados. Pídanle sabiduría a Dios, y manténganse puros en medio de la basura que los rodea. Entonces sus oraciones serán poderosas y cambiarán el mundo.

EL LIBRO DE 1 PEDRO

PEDRO ESCRIBIÓ PARA ALENTAR A LOS CRISTIANOS QUE ESTABAN BAJO PERSECUCIÓN. AL IGUAL QUE PABLO, ÉL TAMBIÉN FUE EJECUTADO POR LOS ROMANOS.

Enfrenten sus pruebas con valentía. Dios los ha elegido para ser su real sacerdocio y su nación santa. Manténganse firmes, aunque el diablo ronde como un león intentando destruirlos.

EL LIBRO DE 2 PEDRO

No se dejen engañar por quienes dicen mentiras para confundirlos. Cuando Cristo vuelva, recibirán lo que se merecen. No pierdan la paciencia mientras esperan a Cristo; Dios se está tomando su tiempo para que toda la gente tenga oportunidad de arrepentirse.

JUAN, EL DISCÍPULO AL QUE JESÚS AMABA, FUE EL ÚNICO APÓSTOL QUE NO MURIÓ EJECUTADO POR SU FE. VIVIÓ HASTA EDAD AVANZADA, EXILIADO EN UNA ISLA GRIEGA EN EL MAR EGEO. ESCRIBIÓ TRES CARTAS SOBRE LA NATURALEZA DE DIOS Y SOBRE LA MANERA EN QUE LOS CRISTIANOS DEBEN TRATARSE UNOS A OTROS.

EL LIBRO DE 1 JUAN

Dios es pura luz. Cualquiera que niega la verdad de Jesús camina en la oscuridad. Si fingimos que nunca hemos pecado, lo único que hacemos es engañarnos a nosotros mismos. Pero si confesamos nuestros pecados, Dios nos perdona y nos limpia. Queridos amigos, ámense unos a otros. ¿Por qué? Porque el amor viene de Dios, y al amarnos unos a otros conocemos mejor a Dios.

EL LIBRO DE 2 JUAN

Me alegra o r que están obedeciendo los mandamientos de Dios y amándose unos a otros. Cu dense de los enemigos de la verdad. Esa gente dice que Cristo fue solo un hombre. ¡No los tengan como amigos ni los inviten a su casa! Tengo mucho más para decir, pero no por carta. Estoy ansioso por verlos cara a cara.

EL LIBRO DE 3 JUAN

Hacen bien en recibir a los cristianos en su casa, especialmente a los predicadores itinerantes. Su amabilidad les ayuda en la tarea. No imiten lo malo; imiten lo bueno. No dejen que nadie les impida hacer el bien. Paz.

JUDAS FUE OTRO DE LOS HERMANOS DE JESÚS; ESCRIBIÓ PARA SOSTENER LA VERDAD EN CONTRA DE LOS FALSOS MAESTROS.

EL LIBRO DE JUDAS

Queridos amigos, deben defender su fe cristiana. Edifiquen su fe y oren en el poder del Esp ritu Santo. Tengan misericordia de los que dudan, para que puedan salvarlos del fuego del temor.

Los tiempos finales
BASADO EN APOCALIPSIS

HAN PASADO MUCHOS AÑOS DESDE QUE JESÚS VOLVIÓ A LA VIDA Y ASCENDIÓ A LOS CIELOS. PABLO Y PEDRO HAN MUERTO HACIENDO LA OBRA DEL SEÑOR. JUAN, EL DISCÍPULO AMADO Y AMIGO DE JESÚS, ES EL ÚLTIMO APÓSTOL QUE QUEDA. JESÚS LO VISITA EN UNA VISIÓN FINAL, Y LE REVELA LO QUE OCURRIRÁ EN LOS ÚLTIMOS TIEMPOS.

EN LOS ÚLTIMOS TIEMPOS, VENDRÁN CUATRO JINETES. EL PRIMERO SERÁ UN CONQUISTADOR, EN UN CABALLO BLANCO. LUEGO VENDRÁ GUERRA, MONTANDO UN CABALLO ROJO. TERCERO VENDRÁ HAMBRE, SOBRE UN CABALLO NEGRO. Y POR ÚLTIMO, LLEGARÁ MUERTE EN UN CABALLO VERDE PÁLIDO, Y LA TUMBA LO SEGUIRÁ DE CERCA.

NO TENGAS MIEDO. YO SOY EL PRIMERO Y EL ÚLTIMO, EL QUE VIVE PARA SIEMPRE. YO TENGO LA LLAVE DE LA MUERTE Y LA TUMBA.

MIENTRAS LOS CUATRO JINETES RECORREN EL CIELO, UN TERREMOTO SACUDE LA TIERRA. EL SOL SE OSCURECE, LA LUNA SE VUELVE ROJA Y LAS ESTRELLAS EN EL FIRMAMENTO CAEN A LA TIERRA. MUCHA GENTE MUERE POR LA GUERRA, LAS PLAGAS, EL HAMBRE ¡Y HASTA POR LOS ANIMALES SALVAJES!

CUANDO LOS CUATRO JINETES TERMINEN DE PROVOCAR SUFRIMIENTO EN LA TIERRA, EL DIABLO VENDRÁ EN LA FORMA DE UN DRAGÓN ROJO. HARÁ MILAGROS Y HARÁ LLOVER FUEGO DEL CIELO. LA GENTE SERÁ ENGAÑADA Y LO ADORARÁ.

PERO CUANDO TODO PAREZCA PERDIDO, ¡LOS CIELOS SE ABRIRÁN! JESÚS, QUIEN ES FIEL Y VERDADERO, VENDRÁ MONTANDO SU CABALLO BLANCO DE JUSTICIA. LOS EJÉRCITOS Y LOS ÁNGELES DEL CIELO LO SEGUIRÁN DE CERCA.

JESÚS DOMINARÁ AL ANTIGUO DRAGÓN, EL DIABLO, Y LO ENCERRARÁ EN EL LAGO DE FUEGO DURANTE MIL AÑOS.

ENTONCES DIOS Y SU CORDERO, JESÚS, GOBERNARÁN UNA CIUDAD CELESTIAL. EL RÍO DEL AGUA DE VIDA FLUYE POR LAS CALLES, Y EL ÁRBOL DE VIDA SANA A TODAS LAS PERSONAS. NO HABRÁ MÁS PECADO NI MÁS NOCHE, Y DIOS REINARÁ PARA SIEMPRE JAMÁS.

EL QUE TENGA SED, VENGA. EL QUE QUIERA, VENGA Y BEBA GRATUITAMENTE DEL AGUA DE VIDA.

233

MEDIANTE LA PROFECÍA EN APOCALIPSIS, JESÚS LE DA A JUAN UN MENSAJE PARA LAS SIETE IGLESIAS EN ASIA. ALGUNOS EN ESAS IGLESIAS HAN SIDO FIELES SEGUIDORES. OTROS SE HAN ALEJADO DE JESÚS PORQUE ERA DEMASIADO DIFÍCIL SEGUIRLO. Y OTROS MÁS PRETENDEN QUE TODO SEA FÁCIL. LAS PALABRAS DE JESÚS A ESTAS IGLESIAS SIGUEN SIENDO RELEVANTES PARA NOSOTROS HOY.

«YO SÉ TODO LO QUE HACES, Y NO ERES FRÍO NI CALIENTE. QUISIERA QUE FUERAS LO UNO O LO OTRO.

PERO YA QUE ERES TIBIO, NO FRÍO NI CALIENTE, TE ESCUPIRÉ DE MI BOCA.

PIENSAS QUE ERES RICO, PERO NO TE DAS CUENTA DE QUE ERES POBRE Y CIEGO, Y ESTÁS DESNUDO.

TOMA EL ORO QUE TE DOY, Y ENTONCES SERÁS RICO. MIS ROPAS BLANCAS CUBRIRÁN TU VERGONZOSA DESNUDEZ. ¡EL UNGÜENTO QUE TE DOY TE PERMITIRÁ VER!».

«¡MIRA! YO ESTOY A LA PUERTA Y LLAMO. SI OYES MI VOZ Y ABRES LA PUERTA, YO ENTRARÉ Y CENAREMOS JUNTOS, ¡Y TE SENTARÁS CONMIGO EN MI TRONO!».

LA VISIÓN DE JUAN COMPLETA LA BIBLIA, LA HISTORIA MÁS GRANDE JAMÁS CONTADA.

JESÚS ESTÁ A LA PUERTA Y LLAMA. ¿LO DEJARÁS ENTRAR?

234

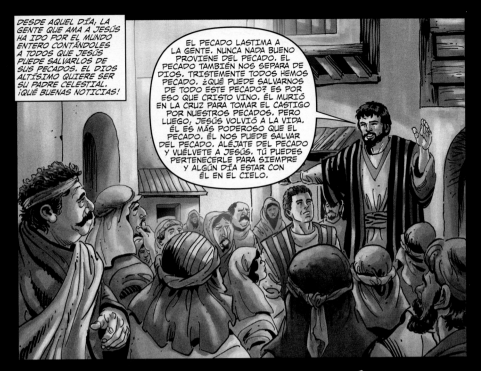

¿Quieres seguir a Jesús?

Lee estas verdades. Pon una marca en el cuadro de cada una de las declaraciones en las que creas.

☐ Dios es un Padre Celestial amoroso. Él quiere ser mi amigo. Pero he hecho cosas malas y le he desobedecido. Merezco ser castigado por lo que he hecho.

☐ Pero Dios me ama. Me ama tanto que envió a Su Hijo perfecto para que tomara el castigo por las cosas malas que he hecho. Jesús nunca hizo nada malo.

☐ Jesús es maravilloso. Él ama a los niños y a los adultos. Él ama a los ricos y a los pobres, a los poderosos y a los que no tienen poder. Él ama a todas las personas. Él me ama tanto que desea que yo sea parte de la familia de Dios, junto con Él. Él estuvo dispuesto a morir para que esto fuera posible.

☐ Jesús murió como castigo por lo malo que cada persona en la tierra ha hecho. Pero este no es el fin de la historia.

☐ ¡Jesús volvió a la vida! Jesús ya no está muerto. Él está vivo hoy.

☐ Jesús quiere que lo ame y que viva de manera que le agrade. Eso me brindará gozo a mí y a mi Padre Celestial.

¿CÓMO LE PIDO A JESÚS QUE QUITE MI PECADO? SIGUE ESTOS PASOS:

PUEDES HABLAR CON JESUCRISTO EN CUALQUIER MOMENTO. HABLA CON ÉL EN VOZ ALTA O EN TU MENTE.

PASO 1 - Dile a Jesús que lo amas por todo lo que hizo por ti. Agradécele.

PASO 2 - Dile a Jesús que te arrepientes de todo lo malo que has hecho. Dile a Jesús que quieres alejarte del pecado y volverte a Él.

PASO 3 - Dile a Jesús que crees que Él puede perdonarte.

PASO 4 - Pídele a Jesús que te perdone. Dile que quieres seguirle por el resto de tu vida. Dile que quieres vivir para Él.

PASO 5 - Da gracias a Dios que Él ha escuchado tu oración y te ha perdonado. Jesús te salvó. Ahora le perteneces.

El Poema de Salvación

Cristo, moriste en una cruz

Y resucitaste con poder

Perdona mis pecados hoy

Sé mi Señor y Salvador

Cámbiame y hazme otra vez

Y ayúdame a serte fiel

www.thesalvationpoem.com

HOY HE RECIBIDO A JESUCRISTO COMO SEÑOR Y SALVADOR DE MI VIDA

MI NOMBRE ES

FECHA DE HOY ES

¡HAY MUCHO MÁS QUE HAY QUE SABER!

Hay muchas cosas más que aprender en la Biblia acerca de Dios y Jesús, su Hijo Único. Aquí están otras partes de la Biblia que querrás leer pronto.

- Cómo nuestro Único Dios Verdadero creó el mundo y nos creó a nosotros. Génesis 1 y 2.
- Cómo las personas se alejaron del Único Dios Verdadero. Génesis 3.
- Todas las historias de la vida de Jesús. Mateo, Marcos, Lucas y Juan.

PASOS SIGUIENTES EMOCIONANTES

PASO 1 - Cuéntale a alguien que también ame a Jesús, lo que has decidido. Habla con él o ella de lo maravilloso que es seguir a Jesús hoy, y lo grandioso que será vivir con Él en el cielo para siempre. Trabajen juntos para encontrar respuestas a cualquier pregunta que todavía puedas tener.

PASO 2 - Si hay un grupo de amigos de Jesús que se reúnan en una iglesia o en alguna casa cerca de donde vives, únete a ellos. Esta es una gran manera de mantenerte fuerte en tu decisión de seguir a Jesús todos los días.

ÍNDICE DE CITAS DEL NUEVO TESTAMENTO

Las páginas 226–229 están basadas en documentos históricos extrabíblicos.

SERGIO CARIELLO NACIÓ EN BRASIL EN 1964, Y EMPEZÓ A DIBUJAR APENAS PUDO SOSTENER UN LÁPIZ. A LOS 5 AÑOS DE EDAD, YA SABÍA QUE QUERÍA SER DIBUJANTE DE HISTORIETAS, Y TAMBIÉN LO SABÍAN LOS DEMÁS: DIBUJABA SOBRE LOS BOLETINES DE LA IGLESIA, EN LAS SERVILLETAS Y EN CUALQUIER SUPERFICIE QUE ENCONTRARA.

EN FEBRERO DE 2006 DAVID C. COOK LO CONTACTÓ PARA SABER SI LE INTERESARÍA UN NUEVO PROYECTO: VOLVER A ILUSTRAR POR COMPLETO LA CLÁSICA BIBLIA ILUSTRADA. LO QUE DAVID C. COOK NO PODÍA SABER ERA QUE SERGIO HABÍA CRECIDO EN BRASIL CON UNA TRADUCCIÓN DE AQUELLA BIBLIA. ¡ESTABA LEYENDO LA BIBLIA ILUSTRADA ANTES DE APRENDER A ANDAR EN BICICLETA! AUNQUE SIENDO NIÑO ESTABA SEGURO DE QUE QUERÍA SER ILUSTRADOR DE HISTORIETAS, ¡NUNCA HUBIERA SOÑADO QUE ALGÚN DÍA TENDRÍA LA OPORTUNIDAD DE TRABAJAR EN LA BIBLIA ILUSTRADA!

EL ILUSTRADOR SERGIO CARIELLO TRABAJÓ PARA MARVEL COMICS Y DC COMICS. ASISTIÓ A LA JOE KUBERT SCHOOL OF CARTOON AND GRAPHIC ART ASÍ COMO AL WORD OF LIFE BIBLE INSTITUTE.

¡AQUÍ SE ENCUE[N]
HÉROES ORIGINAL[ES]

La Biblia en acción es la Biblia ilustrada más completa de todos los tiempos. Incluye más de 200 historias emocionantes en orden cronológico, para ayudar al lector a comprender la fluidez histórica de la Biblia. Contiene más de 750 páginas a todo color en el formato único de historieta.

Deja que esta interpretación épica [...] emoción de la historia más as[...]

Disponible en tiendas
www.LaBibliaenaccion.com

Las páginas 226–
229 están basadas
en documentos
históricos
extrabíblicos.

SERGIO CARIELLO NACIÓ EN BRASIL EN 1964, Y EMPEZÓ A DIBUJAR APENAS PUDO SOSTENER UN LÁPIZ. A LOS 5 AÑOS DE EDAD, YA SABÍA QUE QUERÍA SER DIBUJANTE DE HISTORIETAS, Y TAMBIÉN LO SABÍAN LOS DEMÁS: DIBUJABA SOBRE LOS BOLETINES DE LA IGLESIA, EN LAS SERVILLETAS Y EN CUALQUIER SUPERFICIE QUE ENCONTRARA.

EN FEBRERO DE 2006 DAVID C. COOK LO CONTACTÓ PARA SABER SI LE INTERESARÍA UN NUEVO PROYECTO: VOLVER A ILUSTRAR POR COMPLETO LA CLÁSICA BIBLIA ILUSTRADA. LO QUE DAVID C. COOK NO PODÍA SABER ERA QUE SERGIO HABÍA CRECIDO EN BRASIL CON UNA TRADUCCIÓN DE AQUELLA BIBLIA. ¡ESTABA LEYENDO LA BIBLIA ILUSTRADA ANTES DE APRENDER A ANDAR EN BICICLETA! AUNQUE SIENDO NIÑO ESTABA SEGURO DE QUE QUERÍA SER ILUSTRADOR DE HISTORIETAS, ¡NUNCA HUBIERA SOÑADO QUE ALGÚN DÍA TENDRÍA LA OPORTUNIDAD DE TRABAJAR EN LA BIBLIA ILUSTRADA!

EL ILUSTRADOR SERGIO CARIELLO TRABAJÓ PARA MARVEL COMICS Y DC COMICS. ASISTIÓ A LA JOE KUBERT SCHOOL OF CARTOON AND GRAPHIC ART ASÍ COMO AL WORD OF LIFE BIBLE INSTITUTE.

¡AQUÍ SE ENCUENTRAN LOS HÉROES ORIGINALES EN ACCIÓN!

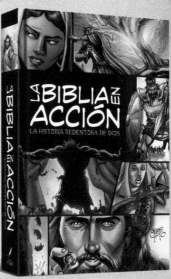

La Biblia en acción
es la Biblia ilustrada más completa de todos los tiempos. Incluye más de 200 historias emocionantes en orden cronológico, para ayudar al lector a comprender la fluidez histórica de la Biblia. Contiene más de 750 páginas a todo color en el formato único de historieta.

Deja que esta interpretación épica te envuelva en toda la emoción de la historia más asombrosa del mundo.